情报与反情报丛书

总策划⊙王吉胜
主　编⊙高金虎

情报研究与分析入门

（全新中文译本）

[美] 杰罗姆·克劳泽(Jerome Clauser)／原著　[美] 简·戈德曼(Jan Goldman)／改编
辛昕 张菊荣 石雯君 都向辉 赵亚莉／译　高金虎／审校

U0819131

An Introduction to
Intelligence Research and
—— Analysis ——

金城出版社
GOLD WALL PRESS

图书在版编目（CIP）数据

情报研究与分析入门 /（美）杰罗姆·克劳泽（Jerome Clauser）原著；（美）简·戈德曼（Jan Goldman）改编；辛昕等译 .—北京：金城出版社，2016.8
（情报与反情报丛书 / 高金虎主编）
书名原文：An Introduction to Intelligence Research and Analysis
ISBN 978-7-5155-1352-2

Ⅰ. ①情… Ⅱ. ①杰… ②简… ③辛… Ⅲ. ①军事情报－研究 Ⅳ. ① E87

中国版本图书馆 CIP 数据核字（2016）第 123724 号

An Introduction to Intelligence Research and Analysis by Jerome Clauser, revised and edited by Jan Goldman
Copyright ©2008 by Jan Goldman
Published by agreement with the Rowman & Littlefield Publishing Group through the Chinese Connection Agency, a division of The Yao Enterprises, LLC.
Simplified Chinese translation copyright ©2016 by GOLD WALL PRESS
All Rights Reserved.
本书中文简体版由 Rowman & Littlefield Publishing Group 授权金城出版社独家出版。
本作品一切中文权利归**金城出版社**所有，未经合法许可，严禁任何方式使用。

情报研究与分析入门
QINGBAO YANJIU YU FENXI RUMEN

作　　者　[美] 杰罗姆·克劳泽　原著　[美] 简·戈德曼　改编
译　　者　辛　昕　张菊荣　石雯君　都向辉　赵亚莉
审　　校　高金虎
策划编辑　朱策英
责任编辑　李晓凌
开　　本　700 毫米 × 960 毫米　1/16
印　　张　15.5
字　　数　239 千字
版　　次　2016 年 8 月第 1 版　2016 年 8 月第 1 次印刷
印　　刷　鑫艺佳利（天津）印刷有限公司
书　　号　ISBN　978-7-5155-1352-2
定　　价　69.80 元

出版发行　**金城出版社**　北京市朝阳区利泽东二路 3 号　邮编：100102
发 行 部　(010)84254364
编 辑 部　(010)64271423
交流邮箱　gwpbooks@yahoo.com
总 编 室　(010)64228516
网　　址　http://www.jccb.com.cn
电子邮箱　jinchengchuban@163.com
法律顾问　北京市安理律师事务所　(电话)18911105819

丛书总序

以情报工作为研究对象，探索情报工作规律，研究改进情报工作途径的学科，在西方称为情报研究，在中国则称为军事情报学。名称不同，本质一致。

长期以来，由于情报工作本身存在着较强的隐蔽性，各个国家对情报机构的活动秘而不宣，其情报档案也不公开，从而影响了情报工作受关注的程度，情报活动成了历史研究中被遗忘的一角。

西方的情报研究，始于 1949 年美国学者谢尔曼 · 肯特 (Sherman Kent)《战略情报：为美国世界政策服务》一书的出版。肯特是耶鲁大学历史学教授，第二次世界大战期间担任美国战略情报局（Office of Strategic Services）研究分析处欧洲—非洲科的科长，战后一度回到耶鲁重执教鞭，随后担任中央情报局国家评估办公室主任。在该书中，肯特把战略情报定位为战略家制订和执行计划所必需的情报，是身居高位的文武官员保卫国家福祉必须掌握的知识。肯特开启了情报分析专业化的大门，他因而被称为“情报分析之父”。

1962 年，美国兰德公司的罗伯塔 · 沃尔斯泰特（Roberta Wohlstetter）出版了《珍珠港：预警与决策》(*Pearl Harbor: Warning and Decision*)，深刻剖析 1941 年驻珍珠港美军遭日军突然袭击的原因。从珍珠港事件起步，美国人一点一点地厘清了情报失误发生的原因，并有针对性地开出了改进情报工作的“处方”。

20 世纪 70 年代初，国际学术界在德国斯图加特召开第二次世界大战中的信号情报研讨会议。与会者一致认为，由于相关档案的公开，情报在二战中的作用必须重新审视，二战历史有必要重写。此后，情报研究在西方学术界呈现出方兴未艾之势，一批历史学家、政治学家、战略学家、国际关系学者加入了情报研究，有力地推动了情报研究的发展。在英语世界，情报研究已经成为社会科学研究的一个组成部分。

与美国相比，中国的情报研究起步并不算晚。早在2500年前的春秋时代，中国兵圣孙子就写出了著名的《孙子兵法》，这是世界上最早的军事情报学著作。孙子对战略情报要素认识的完备性、情报评估的重要性、情报谋略的微妙性、情报理论的科学性的分析，即便与2500年后谢尔曼·肯特的著作相比也不逊色。1943年，军统特工郑介民出版《军事情报学》，书中所勾勒的军事情报工作体系与今日西方的情报研究体系并无本质差别。

今天，军事情报学已经列入了我国研究生与学位教育的学科门类，我们已经培养了军事情报学专业的硕士生、博士生甚至博士后。但情报研究在我国远未成长为一门成熟的学科。理论研究的落后，制约了我国情报与安全保密工作的发展。

中国兵圣孙子说过：知彼知己，百战不殆。情报研究的根本目的是为了改进国家安全工作，维护国家安全和利益。要在复杂多变的世界局势中、在尖锐激烈的国际竞争中立于不败之地，我们必须高起点、高标准、高质量地谋划保密工作，全面、深入地了解世界主要大国情报机构进行策反、渗透、心战、窃密的基本手法，掌握其情报活动的基本特点，从而有的放矢，筑起反渗透、防泄密的防火墙，保障改革开放和社会主义建设事业的顺利进行。这是每一个从事国家安全和保密工作的同志的神圣使命。

基于以上认识，我们策划了这套《情报与反情报丛书》。所选作品均为西方名家的情报研究经典，内容涉及情报基础理论、情报体制、情报历史、谍报技术、反间谍、隐蔽行动、情报分析与失误、突然袭击等，涵盖了情报工作的各个领域。我们希望，这套丛书的出版，可以推动我国的情报研究，并对改善我国国家安全工作有所裨益。

高金虎

知彼知己，百战不殆。不知彼而知己，一胜一负；不知彼，不知己，每战必殆。

——孙子

目录

图表目录

前　言

简·戈德曼[1]

情报分析人员分析信息并在此基础上生产情报，可为制定国家安全政策提供有效支持，并为维护国家安全提供战役和战术层面的指导或支援。2001 年“9 · 11”恐怖袭击事件后，美国对建立于 1947 年的情报体制进行了改革，设立了新的机构和部门，并且据称招募了目前情报界 60% 的人员。没有确切数据显示招募了多少情报分析人员，因为情报分析只是情报规划、搜集、处理和分发整个流程中的一环，因此还招募了其他情报工作人员。

虽然情况发生了变化，但情报工作的本质并没有改变。20 世纪 70 年代中期，当美国开始从越战中抽身的时候，美国情报界开始了情报分析方法标准化和系统化的研究。1976 年，一本厚达 382 页、红色封皮、公开出版的精装书出现在美国情报界各个办公室和培训中心，书名为《情报研究方法论：国防情报研究技巧与程序入门》（*Intelligence Research*

[1] 原注：简·戈德曼（Jan Goldman）是“稻草人情报专业教育系列丛书”（Scarecrow Professional Intelligence Education Series，SPIES）的主编。除本书外，其撰写或主编出版的图书还包括：《间谍的道德规范：情报专业人员读本》（*Ethics of Spying: A Reader for the Intelligence Professional*）（2005）和《情报术语辞典》（*Words of Intelligence: A Dictionary*）（2006）等。

Methodology: An Introduction to Techniques and Procedures for Conducting Research in Defense Intelligence)，作者为杰罗姆·克劳泽[1]和桑德拉·韦尔（Sandra M. Weir）。[2]

这本书被称为“红宝书”，因为它的尺寸和中国同时期出版的《毛泽东语录》（在中国被称为“红宝书”）相似，刚好可以放进衣袋中，因此对这个别称进行了戏谑的模仿。当时《毛泽东语录》印了近10亿册，要求所有中国人人手一册。

《情报研究方法论：国防情报研究技巧与程序入门》的导论中说：

> 虽然本书描述了分析过程和问题，但不应被看作培训情报分析人员的教科书。本书旨在指导没有经验的研究人员，帮助他们在界定研究问题、搜集信息、分析信息以及准备报告时能从迷宫似的程序和步骤中找到方法……关于历史、教育、心理学、人类学等学科的研究方法已有大量书籍出版。本书旨在填补情报研究程序和代表性技巧方面的空白……由于书中内容并非针对或适合所有读者，建议读者有选择性地阅读。虽然各类研究的流程都较为固定且相似，但读者应尽量结合情报工作来学习这些研究方法。本书的目的不是将读者训练成专业的“方法论学者”，而是使读者了解过去和现在的情报研究和分析方法。

该书重点讨论了研究和分析的具体方法。导论中说：

---

[1] 原注：杰罗姆·克劳泽（Jerome K. Clauser）撰写过多部关于情报方法论的教育和培训著作。已出版的书籍包括：*Voice of the United Nations Command: A Description of a Strategic Radio Broadcasting Psychological Operation*（1971）和《韩国间接心理战概述》（*An Overview of Collateral Psychological Operations in the Republic of Korea*，1972）。

[2] 原注：虽然两位作者的名字都出现在原书的封面上，但韦尔女士只负责其中的一章——“分析人员的特质”，而那一章已经合并到第二章里了。按照原书出版时期的惯例，书中使用了称谓“他”和“他的”，而没有使用在今天看来政治立场正确的、无性别区分的称谓。这种称谓反映了当时情报界中以男性分析人员为主的情况。

> 本书介绍了多种研究方法和它们在情报研究中的应用，但由于许多方法需要大量篇幅才能介绍清楚，本书没有详尽地介绍这些方法……本书没有涵盖所有情报分析和研究方法，因为有些方法的专业性很强，难以在有限的篇幅里详细介绍。例如，要掌握照片与图像判读和信号分析方法，需要数月的学习；而要掌握心理分析法则需要数年的学习。
>
> 出于保密原因，本书没有提供某些方法的具体应用案例，需要读者自己推想该方法在具体情况下运用的时机和技巧。例如，类比法是常用的分析方法之一，因为有时研究人员无法获得某些信息，也没有其他资源可用，只能运用类比法根据相似情况进行推断。虽然类比法本身的潜在错误很多……然而根据要求，情报研究人员即使在无法获得可靠信息的情况下也必须做出结论，因此只有依靠类比法。本书没有提供类比法在当今情报研究中的应用案例，但读者可以推想，类比法应用得很普遍。
>
> 书中援引了许多真实案例，不过出于保密原因，背景被改变了，并常用“某国”代替真实国名。此外，由于情报研究方法论题目很大，为节约篇幅，案例的一些细节被删掉了。

《情报研究与分析入门》是 1976 年《情报研究方法论：国防情报研究技巧与程序入门》的精简版。几年前，我主编了另一本曾经保密的书籍——《预判突袭》[1]，作者是辛西娅·格拉博（Cynthia Grabo）女士，内容主要是关于战略预警和分析过程，曾作为提高情报分析人员分析能力的手册。该书目前在很多院校作为教科书使用，用来讲授威胁情境的指示物是怎么产生的，以及要作出预测这些威胁的情报分析所面临的内、外部问题。虽然这两本书都写于 30 多年前，但其主要内容在当今社会中仍然适用。

本书旨在提高情报分析人员的情报研究和分析方面的能力素质。本书

---

[1] 原注：Cynthia Grabo, *Anticipating Surprise: Analysis for Strategic Warning*（Lanham, MD: University Press of America），1972 年完成，2002 年公开出版，其间属于保密书籍。

是《情报研究方法论：国防情报研究技巧与程序入门》前20章内容的精简版，删掉部分是关于情报研究初始阶段基础信息的搜集方法，重点是利用图书馆卡片目录和穿孔卡片从参考资料中获取信息的方法。[1] 由于原书作者无法预见当今资料的海量和信息搜集手段（如互联网）的变化，原书以上内容已过时，不适应信息爆炸的社会和情报界的现实。目前，情报分析人员面对的问题不是信息缺乏，而是信息过载。

本书重点论述了优秀情报分析人员的必备特质，同时保留了原书重点，即情报工作思考、写作和生产的方法。正如《情报研究方法论：国防情报研究技巧与程序入门》导论中所说："关于历史、教育、心理学、人类学等学科的研究方法已有大量书籍出版。本书旨在填补情报研究程序和代表性技巧方面的空白。"

本书是将情报工作专业化的最早尝试之一，也是基础情报教学的重要读本。就"如何成为一名情报分析人员"这一问题，本书也最早尝试回答。本书援引了大量社会主义国家威胁（尤其是北朝鲜对其南邻的威胁）的案例，从内部人的视角，披露了彼时美国情报界如何认知、处理这些威胁的内幕。因此，本书也是了解历史的一扇窗户。虽然一些威胁（例如共产主义和苏联）已不复存在，但有些仍是国际焦点，因此仍具有现实意义。

[1] 原注：卡片目录是关于图书馆藏书索引卡片的目录。穿孔卡片是穿有代表数据的洞孔的、用于将数据输入大型计算机的卡片。

[第一章]

战略情报的演变和定义

情报研究通常指战略情报生产。今天常说的“战略情报”是一个较新的概念，来源于原先的战术情报（或“作战情报”“军事情报”）。本章简要回顾了战略情报的演变过程。在此过程中，随着冲突解决手段日益复杂，战略情报生产也日渐复杂。

一、有组织的战争以及对战略情报的需求

通过一对一的方式解决冲突时，几乎不需要情报，因为冲突双方彼此了解，而且对战场也很熟悉。而当冲突发生在部落、军队之间时，情况就不同了。此时，尽管交战双方知道对手的情况，但仍需要得到更多的信息。在这种战争情况下，双方需要迅速、高效地调遣大量士兵，因此必须获取关于地形、敌人位置、兵力和部署的信息。很显然，那时人们已经认识到获取情报不是普通士兵能担负的任务。普通士兵虽然坚强勇敢、善于操作武器，但不具备打入敌人内部并判断局势的能力，而且可能不会阅读、记录信息，不知道哪些情报有助于了解敌人的战斗力。所以，早期情报“体系”主要由间谍和特工构成。他们凭着后天训练或天赋，知道哪些信息是重要的，并且能依靠智谋或欺骗技巧获得这些信息。

特工和间谍一直都是秘密情报系统的一部分，将来仍可能不可或缺。例如，公元前3世纪，汉尼拔[1]在与罗马交战前，曾派特工潜入到意大利北部搜集情报，确定骑兵和大象的行军路线。[2]与此类似，13世纪，成吉思汗使用探子侦察地面情况，还把奸细安插到敌方区域，吹嘘他的恐怖和勇猛。显然，他的奸细在散布恐怖传言时，利用了敌人的情报体系，虽然这种情报体系还不够完善。

值得注意的是，在埃及中王国时期（公元前1580—前1150），人们开始定期、系统地搜集情报，并且训练和使用了专门搜集情报的分队。英国陆军元帅伯纳德·蒙哥马利曾说，埃及的喜克索人（Hyksos）[3]拥有非常高效的情报体系。他们利用各种通信媒介传递信息，包括火把和信使，并利用专门的侦察部队侦察地形、抓获并审问俘虏。有趣的是，他们的军官在给总部呈交报告时，必须标明信息来源，这种做法与目前美国情报界的做法大同小异。这是最早的系统化搜集情报的案例之一。但根据《旧约全书》，系统化搜集情报的做法甚至可以追溯到喜克索人之前。

二、孙子：最早论述情报工作的作家

除了《圣经》，公元前500年的孙子是第一位提到应该重视获取关于

---

[1] 译注：汉尼拔·巴卡（Hannibal Barca，公元前247—前183），迦太基名将，欧洲历史上最伟大的四大军事统帅之一，第二次布匿战争中是迦太基主帅，曾率军远征亚平宁半岛，被誉为“战略之父”。

[2] 原注：对于爱好“历史”情报分析的人来说，汉尼拔的大象来源可能会引起争议。“大象是从印度还是从非洲来的？”“如果大象是从印度来的，它们是怎么长途跋涉到西方的？”“如果大象是从非洲来的，具体来自什么地方？”

[3] 译注：由亚洲侵入埃及的游牧部族，该名起源于埃及语，意为外国的统治者。初指侵入埃及的西亚部落首领，后来扩大为整个部落集团。该部族可能原居于叙利亚、巴勒斯坦一带，人种来源不明，主要是塞姆语系人，但也有胡里特人的因素。公元前1630年左右喜克索人夺得埃及政权，成为埃及第十五王朝的统治者。

现实和潜在敌人情报的作家。孙子认为“明君贤将，所以动以胜人，成功出于众者，先知也”。他认为，要获取关于敌人部署的情报，只有通过人（密探）来完成。然而，当今科技已经改变了（对事件或形势的）预知的手段，孙子的观点已经不合时宜。现在，世界主要大国使用卫星进行侦察，几乎没有什么秘密能长期不为人知，对方的一切放射物——热、光、射频、地震波等——几乎都是潜在的信息来源。孙子的伟大之处不在于认识到情报的重要性，而在于提出了关于情报搜集和评估的基本准则。《孙子兵法》对中国和日本军事思想的影响持续了2400多年。在中国近代，毛泽东所有下属仍被要求阅读这部经典之作。[1]

从孙子所处的时代到中世纪，情报在战争中的作用日益凸显。正是由于亚历山大的部下了解被征服国家人民的风俗，他的帝国才得以生存那么长时间。本都王国国王米特拉达梯六世[2]是一个通晓22种语言的天才，他一个人徒步穿越整个小亚细亚，搜集了第一手基础情报。所以，他的军队才能于公元前1世纪在地中海地区对罗马帝国的霸权构成最严重的威胁。但是，他没有发现自己军队叛乱的迹象，这说明他对外敌的了解强于对内部敌人的了解。

前面提到汉尼拔在与罗马作战时曾使用特工，其实他的克星小西庇阿（Scipio）[3]也同样善于获取和利用关于敌方部署的情报。曾于公元62

---

[1] 原注：Allen Dulles, *The Craft of Intelligence*（New York: Harper and Row,1963），p. 13.（艾伦·杜勒斯的《情报术》已于2014年1月由金城出版社出版。）

[2] 译注：米特拉达梯六世（Mithridates，前132或前131—前63），古代小亚细亚本都王国国王（前121—前63年在位），又称米特拉达梯大王，是罗马共和国末期地中海地区的重要政治人物，也是罗马最著名的敌人之一。

[3] 译注：全称普布利乌斯·科尔内利乌斯·西庇阿·埃米利安努斯，科尔内利乌斯家族的成员，罗马共和国将领，两次出任执政官。他率军攻陷迦太基城，结束了罗马与迦太基的百年争霸。小西庇阿是继他祖父之后获得“征服非洲的”这个称号的第二个人，其另一个称号“征服努曼提亚的”来源于对西班牙城市努曼提亚的征服。崇拜希腊文化，擅长演说，广交文人学士，一些罗马名人和希腊作家聚集其周围，共同研讨艺术、哲学及科学等问题。但囿于传统偏见，对社会变革常持保守态度。公元前129年去世。

年率领10000人打败230000布立吞人的罗马将军苏埃托尼乌斯·保利努斯（Suetonius Paulinus），在公元47年曾任驻非洲情报官。他关于当地地形和居民的描述（称得上是情报研究）在今天仍有价值。[1]关于早期情报原则、方法或程序的记载非常少，只有突袭（情报工作所尽力避免的）导致的胜仗或败仗的记载。最早记载情报原则的著作之一是，公元400年左右维吉提乌斯（Vegetius）所著的《罗马军制论》（*Military Institutions of the Romans*）。该书指出了地形、进攻和行军路线等情报的重要性，这些原则在今天仍然适用。

从中世纪到文艺复兴时期，没有关于情报生产与利用的记载，而那个时期发生了许多重大和关键的事件，这一点有些奇怪。那个时期的重大事件包括图尔战役（Battle of Tours）[2]、黑斯廷斯战役（Battle of Hastings）[3]、十字军东征、成吉思汗和忽必烈汗横扫亚欧大陆的战争及克雷西战役（Battle of Crécy）[4]。但从现存的关于这些战役的详细史料来看，情报对战争结果只起些许作用。指挥官们根本没有系统地搜集或利用情报，只有成吉思汗是个例外。爱德华三世（Edward III）在开始克雷西战役之时，对当

---

[1] 原注：有趣的是，许多著名军事领导人都至少从事过一段时间的情报工作。除了米特拉达梯六世和苏埃托尼乌斯·保利努斯，还有喀土穆的戈登、劳伦斯、奥德·温盖特和约瑟夫·史迪威（在北京担任武官）。以上这些曾从事过情报工作的人后来都成为自己国家著名的军事将领。

[2] 译注：发生于法兰克王国与阿拉伯帝国之间的一场会战。公元732年10月10日，查理·马特统帅15000人的法兰克军队在图尔与普瓦蒂埃之间的维埃纳河与克勒恩河交汇处，与阿卜杜拉·拉赫曼统帅60000人的穆斯林军队遭遇，穆斯林大军战败，统帅拉赫曼阵亡。此役结束了穆斯林势力自西班牙地区向西欧扩张的历史。

[3] 译注：1066年10月14日，哈罗德国王（Harold II）的盎格鲁—撒克逊军队和诺曼底公爵威廉一世（William of Normandy）的军队在黑斯廷斯（英国东萨塞克斯郡濒临加来海峡的城市）地域进行的一场交战。这是历史上最后一次对英国发动的成功的军事入侵。英国国王同时拥有法国贵族的身份，导致后来英国国王也有权力争夺法国王位，成为后来英法冲突的原因之一。

[4] 译注：英法百年战争中的一次经典战役，发生于1346年8月26日，英军以英格兰长弓大破法军重甲骑士与十字弓兵。此战法军伤亡万余人，英军伤亡则不到200人，堪称世界战争史上一次以弱胜强的典范。

地地形根本不了解，因此他不得不出钱请当地一位法国农民带领其军队从索姆河的浅滩徒徙。

东方国家的所有情报活动都围绕内部安全展开。例如，在日本江户时代，目付（metsuke，间谍、监察官和密探）负责监控持不同政见者的活动[1]；在更早时期，忍者（ninja）被训练来进行监视、侦察和秘密政治刺杀活动，可能是各时期特工中最全能的了。[2]很多日本影视剧都描绘了忍者神通广大的本领，但其中有多少杜撰的成分则不得而知。然而，可以明确的是，忍术的发展受到了《孙子兵法》的影响。同样，至少在17世纪之前，西方国家情报工作的重点也是维护内部安全，而不是对其他国家的能力、脆弱点进行系统研究。这在一定程度上反映了当时的时代精神，因为对执政者而言，宫廷阴谋的威胁要大于外敌侵略，所以，伊丽莎白重用沃尔辛厄姆[3]、克伦威尔重用瑟洛[4]来搜集国内情报。

三、被忽略的系统化战略情报生产：一些假说

有几种假说解释了系统化战略情报生产不被重视的原因。第一，突然性难以维持。一旦一方决定参战，就会暴露出一些比较明显的迹象。例如，在1587年，西班牙准备派遣无敌舰队进攻英国已成了公开的秘密（至少关注此事的人都知道），只是尚不明确具体时间和出发港口。因

[1] 原注：Edwin O. Reischauer and John K. Fairbank, *East Asia: The Great Tradition* (Boston: Houghton Mifflin, 1960), p. 607.

[2] 原注：Donn F. Draeger and Robert W. Smith, *Asian Fighting Arts* (Tokyo: Kodansha International, 1969), p.120 及之后。

[3] 译注：弗朗西斯·沃尔辛厄姆（Francis Walsingham，1532—1590），英格兰政治家，伊丽莎白一世的首席国务大臣。长于外交，其语言知识和组织间谍活动的能力在推行伊丽莎白女王外交政策方面具有无可估量的作用。在任期间，他破获了一系列反对伊丽莎白女王的阴谋，将苏格兰女王玛丽送上绞架，打败了西班牙无敌舰队。

[4] 译注：瑟洛（Thurloe），克伦威尔的国务大臣，英国间谍大师。

此，德雷克[1]在关键时刻袭击了位于西班牙加的斯港的无敌舰队，将其出发日期起码延后了一年，连西班牙国王菲利普二世都不知道何时能出发。当无敌舰队终于出发时（其间接二连三的风暴又使出发日期再次拖延），承担警戒职责的小船很快向英国人示警，而后者也为这场冲突做了数月准备。

战略情报生产不受重视的第二个原因是战争方式。军事行动通常由一个或一系列模式固定的战役组成，战争的关键参与者了解对方将领的个性——胆识、战术，使用步兵、骑兵和炮兵的模式。交战方使用的战术也大致相同。有趣的是，如果一方采用新战术，那对对手而言，结果就是灾难性的。例如，西班牙曾在勒班陀战役（Battle of Lepanto）中用无敌舰队与敌舰短兵相接，指挥步兵登上并占领敌舰，战胜了土耳其。西班牙想用同样的战术对付英国，但英国人采用了新战术——用大炮轰击，不靠近西班牙军舰。面对一个创新的对手，过去如此有效的战术变得一无是处。

瑞典的古斯塔夫·阿道夫二世[2]是一位杰出的军事改革家。他在炮兵训练上进行了创新，使其能在敌人打一发炮弹的时间里打三发炮弹。凭着密集的火力和高度的机动性，他的炮兵在三十年战争期间成为一种恐怖的“武器”。他在情报领域也进行了改革，在参谋人员中设立了“侦探长”（chief of scouts）一职，这一做法比法国和德国军队早了约 100 年。

第三，从中世纪到文艺复兴中期，冲突不是全球性的，人们不认为取得战争的胜利必须深入了解地形（行军路线除外）、民俗等情况。当然，十字军东征是个例外，它是全球性冲突。但第一批十字军在开始跨洲作战前，几乎不知道敌方实力、地形、行军路线和后勤情况。在今天看来，他

[1] 译注：弗朗西斯·德雷克（Francis Drake，约 1545—1596），英国历史上著名的探险家与海盗，受封为海军中将。

[2] 译注：古斯塔夫·阿道夫二世（Gustavus Adolphus），瑞典历史上最杰出的国王、统帅，军事改革家。1611—1629 年先后同丹麦、俄国和波兰进行战争，并取得胜利。三十年战争时期，1630 年率瑞典军队在波美拉尼亚登陆。在 1631 年布赖滕费尔德会战、1632 年莱希河会战和吕岑会战中，指挥瑞典军队击败神圣罗马帝国皇帝和天主教联盟军队。但不幸在吕岑会战中阵亡，终年 38 岁。

们真是太狂妄了。

需要指出的是，在16世纪之前，全球性战略情报可能已经开始系统地生产了，但肯定没有公开，所以无法获知其程度和性质。

以上情况也属正常，因为在胜利后，战术创新被广为流传，而情报创新（如果有的话）可能必须保密才能再次取得成功。例如，伊丽莎白女王急切地让宫廷编年史家记载她执政时的光辉业绩——开辟新大陆、利用海盗进行劫掠（在她与西班牙决裂后）、击败西班牙无敌舰队——但她不可能允许任何人记载她派特工渗透到托斯卡纳宫廷的事。

四、战略情报生产“现代时期”的开端

15世纪晚期是现代战略和军事情报生产的开端。在这个时期，环球探险和王朝衰落开始出现，尽管王朝统治还会再延续5个世纪；同时，军事技术和战术也飞速发展。前文提到的古斯塔夫·阿道夫是第一位现代情报改革家，之后还有腓特烈大帝[1]、马尔伯勒[2]和拿破仑。

像1000多年前的维吉提乌斯那样，这一时期的战术家和战略家开始归纳总结军事学说，而具有重要意义的是，军事情报是这些学说的重要组成部分。在今天看来，那些学说有些过时或古怪，但仍具现实意义。例如，18世纪中期，腓特烈大帝在写给普鲁士军官的书中充分强调了敌国国情信息的重要性：“对一个将军来说，了解一个国家，就像步枪对于步兵、算术规则对于几何学家一样重要。”这个说法在今天仍不过时。

曾效力于马尔伯勒公爵和萨伏伊的欧根亲王麾下的莫里斯·德·萨克

---

[1] 译注：腓特烈大帝（Frederick the Great），即腓特烈二世，普鲁士君主。在他46年的领导下，普鲁士的边疆不断扩大，包围了西普鲁士和西里西亚。同时，普鲁士的基础设施建设、军事力量和政治机构得到了极大的改善提升。

[2] 译注：马尔伯勒（Marlborough，1650—1722），英国统帅。他在战略和战术上主张积极进攻，以攻势为主，惯以大量步兵钳制敌军，尔后投入骑兵突击取胜。

斯[1]在其著作《我的梦想》中就“征兆”（sign）的解释提出了一些普遍法则。征兆是战争中揭示敌军意图的现象。尽管对具体征兆的解释可能已经过时，但通过常见征兆进行可靠推理的做法对今天的情报研究与分析人员仍具有现实意义。[2]

17 世纪之前，虽然没有关于政府进行系统化战略情报生产的记载，但有关于其他机构利用（生产）战略情报的记载。例如，资料显示，许多欧洲银行在 16 世纪中期曾进行过战略情报活动，这是非政府机构进行战略情报活动的较早的实例。甚至早在中世纪，西方商人就开展过战略情报活动。对这些商人而言，有关东方贸易“对象”的经济信息、习俗、交通线路和政治信息对他们的生意影响重大。他们是否互通这些信息不得而知，但政府没有系统利用这些信息则是肯定的。当时东方国家已经对西欧构成严重的战略威胁，西方政府忽略这些信息实在是一个严重错误。

五、美国情报机构：老俱乐部的新成员

与英国、法国、西班牙和葡萄牙相比，美国是国际权力与政治舞台的新成员。所以，美国从事战略情报生产的历史较短。尽管美国在早期冲突中也使用过探子、特工（甚至侦探[3]）来搜集和评估关于对手的情报，但直

[1] 译注：莫里斯·德·萨克斯（Maurice de Saxe，1696—1750），法国大元帅，伯爵。生于萨克森，波兰国王强者奥古斯特二世的私生子。他认为征兵制优于募兵制，强调精神因素是决定战争胜负的重要因素，重视火炮、工事和刺刀在战斗中的作用。其军事理论集中反映在《我的梦想》和《书信与回忆录》等著作中，对拿破仑影响极大。

[2] 原注：萨克斯写道：如果听到从敌人阵营传来阵阵悲叹声，第二天可能就要交战，因为敌人们正在对武器进行退弹和擦拭（来源于 Marshal Maurice de Saxe, *My Reveries Upon the Art of War*, in Major Thomas R. Phillips, *Roots of Strategy*, p. 292）。这种情况使人联想起二战期间，盟军飞机在起飞之后不久试射武器的做法，以及美军在越战中固定的作战程序，即在环形防御时，在破晓后不久就将武器退弹的做法。

[3] 原注：林肯总统在美国内战时雇佣平克顿侦探事务所为联邦政府进行情报活动。

到第一次世界大战，人们才意识到必须进行全球范围的战略情报生产。

一战爆发时，美国的情报机构才初具雏形，被迫大量依靠英国和法国生产的情报。尽管美国很快吸取了教训，培训了一批情报骨干，但在两次世界大战期间，除留下了情报机构的组织架构外，这些骨干大多流失。

第二次世界大战时，美国不得不再次大规模地重建战略情报能力，同样，这一次美国人从英国同行那里获益良多。到美国参战时，英国人在学者的参与之下，生产了大量的全球战略情报。

值得注意的是，从伊丽莎白女王时期开始，学者在战略情报生产中就发挥了重要作用。伊丽莎白曾从牛津和剑桥大学招募情报人员。二战期间，这两所大学的学者成为情报分析和研究人员，对英国的情报工作贡献甚丰。诺曼·霍姆斯·皮尔森在为马斯特曼的著作《两面间谍》（*The Double-Cross System in the War of 1939 to 1945*）所作的序言中指出：

> 英国情报界的另一贡献是公开情报，即经过学者们研究后从学术出版物中提炼的情报。这些信息早就存在，但没有人注意，如登陆场的潮汐时间表、市区轰炸目标位置、降雨量、需要避免的雨季时间等。这些重要情报从无人留意的旧书中很快就能获得，而依靠人力情报却耗时很长。英国人利用大学进行情报分析与研究，美国人从这种做法中获益良多。[1]

与英国类似，美国战略情报局（OSS）局长威廉·多诺万（William Donovan），也"通过恳求、借用和私下雇佣的方式从美国大学、实验室和博物馆网罗了最优秀的学术和分析人才"[2]。哈里斯·史密斯在评论美国战略情报局研究分析处时说：

[1] 原注：J. C. Masterman, *The Double-Cross System in the War of 1939 to 1945*(New Haven: Yale University Press, 1972), pp. vii–viii.

[2] 原注：Allen Dulles，引自 R. Harris Smith, *OSS: The Secret History of America's First Central Intelligence Agency*（Berkeley: University of California Press, 1972）, p.13。

> 它的人员堪比一个著名学院的师资队伍。在研究分析处的办公室里，你可能会看到历史学家谢尔曼·肯特正和政治学家艾弗洪·柯克帕特里克激烈地讨论；在研究分析处经济委员会的会议室，查尔斯·希奇、埃米尔·德普雷、查尔斯·金德尔伯格和理查德·拉格斯齐聚一堂；在其他办公室里，你会发现，古典学者诺曼·布朗可能正在撰写一份关于希腊政治的报告，历史学家费正清正在研究中国外交政策，哲学家赫伯特·马尔库塞正在分析德国社会结构，而人类学家科拉·迪布瓦正思考欧洲在亚洲的殖民问题。[1]

第二次世界大战标志着美国真正具备了战略情报生产的能力。那时建立的情报机构成为美国现代主要情报机构的先驱，只不过后来名称和职能均有改变。近年来，新武器的出现使对抗措施的发展势在必行，而解决冲突方式的变化也使得战略情报生产的性质发生了改变。由于威胁应对时间大大减少，情报（预见）的重要性更加突出。对情报的渴求导致情报搜集工具快速发展，随之而来的是需要发展新技术以处理海量原始数据。然而，即便拥有了复杂的情报搜集工具和技术，情报人员仍发挥着重要作用。虽然信息自动存储和检索系统可以处理大量信息，但只有训练有素的情报分析、研究人员才能阐释数据，进行判断，得出结论。

六、值得怀疑的信息和情报需求

1943 年与 1944 年之交的冬天，在意大利的美国第 5 集团军和英国第 8 集团军处境不利。正向北方挺进的他们在古斯塔夫防线[2]遭到防守的轴

[1] 原注：Allen Dulles, 引自 R. Harris Smith, *OSS: The Secret History of America's First Central Intelligence Agency* (Berkeley: University of California Press, 1972), p.13。

[2] 译注：古斯塔夫防线（Gustave Line）是德军建立的一条横贯意大利中部的预设防线，绵延 100 多千米，由凯塞林元帅指挥的 C 集团军群据守。

心国部队的强硬抵抗。这条防线构筑在拉皮多河与利里河谷上方，左边的卡西诺修道院是整条防线的关键要塞。根据当时的分析，修道院为德国炮兵观察员提供了很好的掩护，可以一览无余地看到河谷里的盟军。对盟军来说，摧毁这个修道院已经不仅仅是一个军事目标：随着敌军行动和受天气的影响，盟军的伤亡迅速增加，修道院成了每一个指挥员的梦魇。

依靠传统的作战方式无法摧毁这个敌军要塞，大炮对坚固的石质建筑无能为力，战术轰炸也无济于事。摧毁要塞的关键是信息的获取。必须了解修道院的建筑细节，从而选择威力和种类适合的武器。但相关信息该去哪里找、怎么找，则成了一个难题。

各个师和军团的情报力量都无法提供所需信息。印度第 4 师的师长塔克（F. I. S. Tuker）少将只好亲自上阵。他驱车到那不勒斯，挨个书店找，终于在一本关于修道院的旧书里找到了建筑信息。根据此情报，盟军制造出合适的武器，摧毁了修道院。[1] 摧毁修道院的关键是掌握了情报，即对与军事计划和行动相关的信息进行搜集、评估和判读。

这次战役的启示是：成功的军事行动必须拥有能完成特定任务的情报机构，及在军事行动计划中基础情报十分重要。但这一事件最具特色、与本书最相关的部分是塔克将军的活动，亦即情报研究。塔克少将首先确立研究目标，考虑可能的信息来源，确定信息的位置，对信息进行评估，最后将情报提供给情报用户。本章后续将讨论情报生产的目的、战略情报的传统类型和组成部分，以及相关情报机构。

---

[1] 原注：Fred Majdalany, *Cassino: Portrait of a Battle* (London: Longmans, Greenand Co., 1957), p. 114。具有讽刺意味的是，当古斯塔夫防线被攻破时，盟军才得知德国人没有将这个修道院作为观察点。

七、情报的目的

情报是经过评估的信息，目的是帮助决策者和计划者做出正确的决定。在很大程度上，战略情报用于制订（国家和国际层面的）战略计划，通常是长期性的行动。战略计划涉及军事行动、政治行动或经济行动，有的时候是军政联合行动，如承认新国家元首，实施禁运、联合抵制或封锁，它既可针对现存的问题，也可针对预期问题或假设的问题和情况，后者被称作应急计划。

与制订其他计划一样，制订战略计划需要依据信息。不同的是，制订战略计划所需的信息常常无法获得。因为各国军事、政治组织都意识到某些信息会帮助到现实的或潜在的敌人，从而想尽办法隐藏、限制或歪曲这些信息和资料。所以，战略计划制订者不仅要像大多数计划制订者那样搜集和利用信息，还要想方设法获得对方有意隐藏的信息。

这种有意隐藏信息的行为使得情报机构有存在的必要。因为如果以上信息可以从其他政府机构，或者直接从对象国或组织那里获得，就不需要情报机构了。

此外，这种隐藏信息的行为决定了情报机构的工作性质。例如，情报机构必须使用各种方法和工具（包括精密的传感器和观察人员）来搜集信息，而且要花大量时间和精力来评估信息质量。因为只有保证原始信息可靠，才能做出正确的评估或预测。因此，情报机构的主要任务之一就是确保信息可靠。

再者，这种隐藏信息的行为也决定了情报机构需要在无法获得事实时进行推断。针对大多数情报分析或研究项目，情报机构都会提出系统、可信的推断，然后验证推断，并逐步用可靠的推断（理想的情况是事实）来替代不切实际的推断和猜测。正是这一点使情报研究区分于其他信息搜集活动，本书论述了这种区别。

八、战略情报的类型和组成部分

战略情报包括八个主题领域，涉及几十个学科的知识和技能，包括信息科学、信息处理、人类学、政治学等。情报和情报活动的分类方法很多。本书对情报——经过搜集、评估、分析、综合与判读，针对某个国家或作战区域的信息——进行分类时，主要依据两个标准：(1) 情报生产的基本目的，即类型；(2) 情报主题领域。下文简述了战略情报的基本类型和主题领域，以便读者了解情报生产所需的各种知识。

根据生产目的，情报可被分为三类。第一类情报的生产目的是为了更深入地了解对象国。这种情报是百科全书式的，包括应对与对象国潜在战争的情报储备和阐释对象国当前活动的情报，被称为基础情报（basic intelligence，也称基本情况）。它的名称恰如其分，因为基础情报是分析其他情报的基石。

基础情报搜集和分析工作是各种情报活动中最枯燥的，但又是必不可少的。第二次世界大战中，如果没有关于诺曼底海滩坡度、承重能力、潮汐、自然和人工障碍等的情报，盟军的诺曼底登陆就不可能成功。所以，基础情报主要涉及过去和现在的情况与事件。

第二类情报的生产目的是跟踪世界范围内影响美国政策和国家利益的事件，被称为动态情报 (current intelligence，也称动向情况)。它需要因时而变，不断更新原有结论、分析和判断。当新事件频发时，动态情报生产活动变得尤为紧张。

任何情报机构都很讨厌突然袭击，成立情报机构的目的之一，就是减少他国在不为人知的情况下开展某种活动、发展某种能力或与某国缔结关系的可能性。为了减少突然性，出现了第三类情报，即推测 / 预测类情报（estimative/predictive intelligence，也称预测评估类情报）。这类情报主要预测外国在近期或可预见的将来从事某种活动的可能性。理论上，可以根据这种情报了解外国决策者的意图，但其更实际的，是根据外国的当前实力预测其未来行动。虽然推测 / 预测类情报的主要目的是预测，但它依据的是现实情况。

以上三种情报都要用到评估。在基础情报范畴内，评估是严格意义上的、对外国战争机器实际开支的判断。[1] 推测 / 预测类情报也用到评估。例如，敌人解决科技问题存在几种选择，比较这些方法的性价比，找出其中性价比最高的方法，推测出敌人可能的行动方案，进行这样的预测，就需要评估。这种评估隐含的前提是，假定（或预测）敌人会选择更“理性的”方法。[2] 由于推测 / 预测类情报的结论不纯粹基于事实，而且情报产品容易过时，出现错误的可能性最大。推测 / 预测类情报以当前和将来的情况、活动和事件为导向。

除了根据职能目的和时间段对情报分类，还可根据主题领域进行分类。这些主题领域也被称作“战略情报的组成部分”（components of strategic intelligence），包括：

- **人物传记情报**（biographic intelligence）：搜集、评估关于重要人物的信息。
- **经济情报**（economic intelligence）：搜集、评估关于资源、生产能力、经济脆弱点和战略物资获取方面的信息。
- **社会情报**（sociological intelligence）：搜集、评估关于特定人群的社会阶层、价值体系、传统、信仰和其他社会特点的信息。

---

[1] 原注：更准确的说法可能是“估价”(appraise)，因为这个词包含确定花费的意思。

[2] 原注：许多情报预测都建立在对方是“理性的”这一假定的基础上，理性通常指人们做出判断所依靠的价值体系。但价值体系差别很大，所以理性也是不可靠的。此外，有些人并不理性，例如希特勒，他常做出“情绪化”和孤注一掷的决定。他在不列颠战役时下令轰炸城区，而没有继续轰炸英国的预警系统；在斯大林格勒会战中牺牲保卢斯的第 6 集团军，而不愿放弃占领的领土。战争中突袭之所以可能，正是因为它违反了理性的准则。在高回报的预期下，人们甘愿冒“不理性的”风险。所以，日本偷袭了珍珠港，而苏联在古巴部署了导弹。但总体而言，如果没有信息显示对方是不理性的，就可以根据自己的价值观假设对方是理性的，并以此为可靠的基础来进行后续的情报研究。

- **军事情报**（military intelligence）：搜集、评估关于作战序列、装备、战略、后勤能力、人员等的信息。
- **地理情报**（geographic intelligence）：搜集、评估关于地形、天气和气候、海岸和滩头登陆点的信息。
- **政治情报**（political intelligence）：考察政府结构、国家政策和政治动态方面的信息。

情报学者马上就会发现，这种分类方法是武断且不完整的。例如，征候与预警情报（indications and warning intelligence）被列为动态情报，而作战情报、战术情报和战役情报却被排除在外。上述分类方法没有讨论各种各样的情报搜集门类（INTs），如信号情报、电子情报、图像情报、人力情报，但显然，通过它们得到的结果是各种情报主题和情报形式的组成部分之一。[1] 需要注意的是，战略情报八个主题领域可能与其三种类型相重叠。以人物传记情报为例，关于即将成为权力核心的人物的情报属于推测/预测类情报，关于目前当权者或领导者的情报则属于动态情报，关于曾经担任要职，目前已下台、卸任、辞职或死亡的人的情报属于基础情报。简而言之，在战略情报范畴内，即使"静态的"主题领域也呈现出"动态的"特点。

所有类型和主题领域的战略情报都可归类为以下两个基本功能：(1) 解释、说明、描述现象；(2) 进行预测、预报或评估。[2] 在下文中，这两个功能将被多次提及。

---

[1] 原注：使分类方法更混乱的是，有些情报机构是根据地域来划分的，如分为中国亚洲处、西部地区处，或分为分析部门和作战部门，或分为对外情报部门和国内反情报机构，等等。

[2] 原注：评估包含两种情况。一种是得出具体数据，例如估计敌人驻军规模，因为敌人驻军人数是固定的。另一种情况包含预测，例如农业经济学家估计苏联小麦产量，由于小麦要在数月之后才能收获，在评估过程中不仅需要计算，还需要分析影响小麦产量的变量（降水、温度）和这些变量的影响。第一种评估主要是描述，第二种评估则包含预测。

九、小　结

- 尽管公元前500年的人们就认识到并记载了战略情报的重要性，但当时的情报生产方式无从获悉。
- 在16世纪，欧洲政府开始进行战略情报活动。当时的情报活动主要针对特定目标人群，如政治上持异见者、某个国家或宗教团体。
- 在17和18世纪，政府开展的情报活动开始系统化地处理全球问题。
- 在一战期间和二战之初，美国情报机构主要依靠盟国提供情报。
- 早在16世纪，学者和专家成为情报机构的重要成员。
- 商人、小贩和借贷机构用来搜集信息的组织是各大情报机构的前身。
- 现代技术深刻改变了情报的搜集和处理方法，但并没有降低情报人员的重要性，因为只有人才能解释信息。
- 情报是经过搜集、评估的关于某个国家或作战区域的信息，对战略决策十分重要。
- 由于许多国家对外国人隐藏重要信息，情报机构和活动才得以存在。
- 隐藏信息的行为决定了情报活动和情报产品的性质。
- 战略情报可以划分为不同类型或主题领域。
- 情报的类型包括基础情报、动态情报和推测／预测类情报。
- 战略情报的组成部分或主题领域包括：人物传记、经济、社会、地理、军事、政治和科技情报。

[第二章]

研究：对研究行为与分析人员的描述

一、研究的原始意义和当代演变

许多被称为研究的活动其实算不上研究。本章简要介绍对研究的不同解释，之后提出一个活动能被称为研究必须满足的三个标准。

“研究”[research 或再调查（re-search）] 来源于法语动词 *recherché*，本义是“再搜索”，或“调查已经调查过的事物”。哥白尼和第谷 · 布拉赫（Tycho Brahe）的研究符合“研究”的本义，因为他们对天体运动的观察结果进行反复研究。他们对天文学的贡献不在于提出新知识，而在于更好地阐释了已有的知识。

目前，人们普遍接受的“研究”的意义是，“为发现新信息或原理而开展的认真、系统的调查”。诚然，如果把是否形成新原理作为唯一标准，就只有少数“认真、系统的调查”能算作研究。更普遍的研究包含形成和验证假说，这些假说是深奥的理论、原理或自然规律的前身。

从语义学角度来说，“研究”这个词必须被严格地定义，并且有限定的用法，否则就要被从英语词汇表中去除了。这个词原义的内涵十分清楚，即“再搜索；调查已经调查过的事物”。然而，它的外延却广得多。如果浏览一下学位论文的标题，就会发现涉及实验、调查、历史文献研究、技术和算法研发、原有方法的非常规应用、材料测试、艺术创作的活动都属于研究；研究在这里的意思是为达到更高级学位要求而进行的活动。

在一个典型的大学校园里，如果询问人们什么是研究，那么答案就会与回答者所属的学科一样多。情报研究人员很可能遇到这样一些人，他们认为除了自己学科以外的其他研究都算不上研究。例如，物理学家（和很多行为科学家）会认为研究是涉及某种实验的活动；历史学家会认为研究是深入地研究史料的活动；分析哲学家会认为研究是批判性地研究术语在哲学语篇中含义的活动；而工程师会认为研究是对各种材料或结构进行测试的活动。

“研究”这个词不仅被用来指称非常广泛的主题领域的众多活动，有时也被用来指称一些原本平庸而寻常的活动，为它们增加学术深度。很多人都尝试赋予词汇自己想要的意思，但大多数都失败了。现代语言使用者的这种做法，就像小说《爱丽丝漫游奇境》中红心女王对爱丽丝宣称“词的意思就是我想让它成为的意思”一样。

但如果同一词语对于不同人具有不同的含义，那词义就是模糊的，人们无法对词的概念进行交流，且会产生误解。所以，对将要从事研究的调查人员或学者来说，了解“研究”的含义非常重要。从实用角度来说，理解“研究”这个词更精确的含义可以节约时间，避免计划和实施不属于“研究”的活动，还可以拓宽对符合“研究”的广泛的活动（和产品）的认识。

例如，笔者曾遇到这样一件事。曾有关于某个部队创建和发展的一篇论文送给一位心理学家评阅，他读了论文后评价说这是一篇“新闻报道”，算不上“研究”。这篇论文经过长期、艰苦的调查，查阅了三个国家资料档案库里的数百份文献，纠正了数个存在多年的错误陈述。之所以用这位心理学家的评论作为例子有两个原因。第一，他的评论反映了一种偏见，即不依照某种模式进行的调查算不上研究。在上例中，该调查没有依照心理学家所熟悉的研究模式，即做实验来进行，因而被认为不算研究。第二，他的评论隐含了对新闻报道调查的贬低。其实，认真开展的新闻调查包含大量“系统的调查”，而且其对细节的关注程度、对信息来源的重视程度、对信息客观性和详尽性的要求，与任何研究都是相同的。

显然，主题领域或调查方法都不是判断某个活动是否属于研究的标准。如果某个活动符合以下 3 个标准，就属于研究：

1. 该活动是**有目的的**，即为了特定目标而开展的；
2. 该活动是**系统地开展的**；
3. 该活动**提供了新知识**（或对旧知识的新解释）。

二、研究的目的性

研究的目的性意味着研究有一个目标——本身清晰可辨的、能被详细说明的且有意义的目标，而且这个目标如果被实现，能够被研究人员和独立的观察者辨认出来。例如，依据此标准，情报分析人员不断更新作战序列的工作不能算研究，因为作战序列总是需要更新，而每次更新的结果只是暂时的，是实现目的的手段。技术人员对材料进行质量控制测试也算不上研究，因为同样没有具体、明确的目的，它只是保持某个质量水平的一套程序，本身不是目的。

然而，如果作战序列专家对指挥体系或某不知名部队的位置提出假说，并系统地搜集信息来验证或驳斥这些假说，他的工作则属于研究。同理，如果质量控制技术员设计并试验了新的抽样程序，他的工作也属于研究。以上两例都符合以下标准，即有具体、明确的目的，并生产出可以被清晰地辨认出来的最终产品。

“意图”“目标”和“宗旨”是表示目的的三个常用词语。在本文中，**“意图”**指研究人员的总体打算，表现为研究人员工作可能遵循的方向。**“目标”**指可以被清晰地说明并辨认的调查结果，通常表现为一定时间段内的目标。**“宗旨”**指最终结果，大多数在实际操作中没有达到。例如，军事计划制订者的意图是切断敌人的通信线路。这个意图被细化为几个具体的目标，如在规定时间内摧毁铁路编组场、桥梁或重要的高速路段。行动的最终宗旨是带来永久和平，或“让民主安存于世界”。

在情报研究中，研究人员的意图可能是研究朝鲜的宣传和政治、军事行动。具体目标可能是分析朝鲜关于统一的公开声明是否与 1972 年 1 月 1 日至 7 月 4 日之间发生在非军事区的事件有关。研究人员的宗旨可能是总结朝鲜决策者的言行，为预测他们未来的行动打下基础。

三、研究的系统性

一个调查活动要符合研究的标准，必须是系统地开展的。当然，研究所用系统的具体性质是随着研究主题领域而变的。系统性指研究是遵循有组织、有条理的步骤顺序（例如计划）展开的。系统性、有秩序地开展研究的主要目的是确保不遗漏重要要素。例如，实验时有一些关键步骤，如果在开始被遗漏了，后面的结论将没有价值。

强调系统性方法的另一原因是要清楚地呈现得出结论的方式。系统性的步骤使其他研究人员可以重复某项研究以确定其结论是来自真实数据，而不是研究人员无意（或有意）伪造的数据。有可能发生在学校研究生身上最令人崩溃的事情之一，就是在论文答辩时被告知忽略了一部重要著作。而对于情报研究人员来说，同样可怕甚至可能严重得多的是，当为一个推测辩护时，被告知忽略了另一个机构掌握的重要信息。为了避免发生这些灾难，必须在研究的各个阶段都关注细节，并且采用有组织、有条理的方式开展研究。

四、研究的创新性

研究的最后一个标准是提供新知识。这是最重要的标准，是前两个标准的最终目的。但需要明确的是，新知识并不等同于新信息。例如，当研究人员赋予旧信息新的解释来证明他的新论断可信时，这种新的解释就可以算作新知识。（哥白尼反对地心说、提出日心说就恰恰是这么做的。）许多历史研究基本上都没有利用新信息，而是通过重新研究已有信息来建立或验证新的假说。显然，为提供新知识而获取新信息在许多研究项目中发挥着重要作用，在大多数情报研究中，很有可能必须要获得新信息或数据。

五、情报研究和学术研究的异同

许多人常常将研究与大学联系起来。但显然，大学以外的许多机构，如工厂、私人机构和许多政府机构也开展研究。研究涵盖各种各样的活动，不论研究的主题领域是什么，也不论资助机构是什么，研究的基本概念是学术模式的，即研究符合某些学术传统或规则。学术研究必须是有目的的、系统的和提供新知识的。此外，研究活动或产品应该能够展示研究人员的推理能力、判断力、学术诚信和客观性。虽然学术研究的标准仍是构成情报研究的基础模式，但这些标准常常无法得到满足。因此，情报研究在许多方面可能是学术研究的对立面。

六、时间限制

可能除了记者，只有情报分析人员或研究人员的工作总是有严格的时间限制了。[1] 诚然，准备 6 月份毕业的研究生要在时间限制下工作，想

[1] 原注：值得注意的是，新闻工作是情报研究工作很好的样板。记者在工作中受到的限制与情报研究人员很相似，他们通常也有时间限制，而且在报刊上发布错误或不完整信息的后果也是很严重的。

得诺贝尔奖的研究人员也有竞争性的时间限制，但这些时间限制都是人为的，因为很少是性命攸关的。在时间紧迫性方面，与情报研究最接近的是研发侵袭大面积人群的严重流行病疫苗的医学研究。

时间限制对情报研究的其他特点也有影响，例如情报研究人员可能没有足够的时间来搜集他认为得出结论所需的全部信息，或没有时间来证实或证明输入信息的正确性，所以必须对结论进行验证。值得一提的是，有些人喜欢不紧不慢地、细致地分析所研究的问题，他们可能觉得在对信息或分析还远远不满意的情况下必须作出推测是十分令人不快和沮丧的事情。随着冲突性质的变化，情报研究人员可能发现他的工作节奏也相应发生了变化。时间限制可能会带来难以承受的压力。不可否认，有些人不仅适应了在这种压力下工作，而且似乎在这种环境下表现得更好。而另一些人对研究的看法仅限于“学术型”研究，可能永远无法适应这种压力，最终不得不放弃情报工作（或被淘汰）。

七、对变量的控制

许多学术研究都包含实验，其本质是验证假说的过程。实验的理想条件是可以利用和控制自变量，使相应的因变量准确无误、清晰明确。实验的结果由实验设计和设计所规定的控制来决定。这种理想条件可以在实验室里创造和控制，但在实践中，实验控制不太可能。许多社会科学家（和没有经验的情报研究人员）会沮丧地发现，他们在大学里非常有效地使用的理想实验条件在实践中变得难以获得，以至于在应用中几乎无关紧要。许多情报研究人员努力适应这种情况，变得更加务实，且改变和调整研究方法以适应研究活动的限制。另一些研究人员认为适应等同于降低标准，不愿意在这种条件下进行研究，但事实是不论实验条件是否理想，决策者必须作出决定，而且决策者不管有没有（即使是“降低标准的”）实验提供的信息也必然会作出决定。

在情报研究中，研究人员几乎无法控制变量，只能控制研究方法。因为敌人或对手显然不会配合研究，他们可能拒绝对“刺激”（如宣传信息）作出反应，可能故意改变行为模式来避免暴露规律，也可能不断改变反应模式，从而使其未来行动无法被预测。总之，用社会科学家的话来说，敌人是很糟糕的研究对象，但却是情报研究人员的研究题目。

信息的充足性 vs. 报告的必要性

几乎所有的情报产品都不完整。有时，某个评估或预测不完整是因为没有信息，可能由于对方没有显露任何可观察现象[1]，更常见的情况是由于敌人对外界隐藏了某些信息。情报研究人员最可能遇到后一种情况。但无论在哪种情况下，情报研究人员都必须得出结论。由于缺乏数据或信息，一些对国家安全有深远影响的结论只能建立在理论、假定，有时甚至是在猜测之上。

在学术研究中，研究人员在自己或导师认为，他的研究发现能充分证明结论的正确性后才将其发表。而情报研究则不同，研究人员可能没有时间搜集充足的信息，或由于政治、军事变化，即使时间充裕也无法搜集充足的信息。有些只认可学术研究模式的人可能会觉得这种情况令人沮丧。

信息质量的不确定

学术研究人员试图使用最高质量的信息，他会核查信息源、验证信息、排除来源不可靠的信息，直到他认为结论是建立在无可辩驳的证据的基础上，才发表研究成果。情报研究人员也尽量仿效学术研究人员的做法，但经常遇到只能获得可靠性未被证实的信息的情况。有时还会遇到对方给出的有意欺骗或误导的信息的情况。

---

[1] 原注：换句话说，对方可能抱着“等等看”的态度，因此没有对某个情况作出明显反应。

重视预测

在人类所有的智力活动中，预测是最容易出错的。然而（各种形式的）预测是情报活动的重要部分，而且是各种情报（甚至是基础情报）生产的目的（先见之明）。预测主要建立在观察到的规律性上，例如，某几种天文现象总是会引发另一种可预测的现象。实质上，自然定律就是通过观察有规律发生的多个现象间的相互作用而作出的预测性陈述。[1]

在情报研究中，以下两种情况增加了预测的难度。第一，人类活动与自然现象不同，人类可以改变或控制某些情况及其相互作用。例如，谨慎的敌人会避免重复性的活动，防止对手据此来预测其未来行动，或故意保持某种模式来隐藏另一种行为。所以，情报研究人员无法确定观察到的行为有多少可信度。

第二，有些事件是特殊事件，即无先例可循的事件，例如在所有信号都被查明的区域出现一个新的射频信号，或敌人正在修建的、无法从外形或规模上判断其用途的特殊建筑。虽然有处理特殊事件的方法，例如创设多种情境或进行推演，但没有一种方法可以使研究人员明确地宣称条件 X、Y 必定会产生结果 Z。然而，这种论断就是决策者想从情报机构中获得的。人们常称颂决策者在决策中肩负的责任，却忽略了情报人员的作用，殊不知决策制定是基于情报人员的预测。例如，有多少人能记得预测诺曼底登陆前是晴天的气象员的名字呢？[2]

可喜的是，越来越多的“学术”研究也开始进行预测，例如在城市规划中预测车流量、预测矿物产量、预测人口对地下水质和消耗的影响、预测新兴工业对某地区的影响，等等。此外，未来学——如其名称所示，一

---

[1] 原注：有趣的是，天文学起源于神职人员预测天体运动的职责。预测能力使神职人员具有某种特权。在今天，这种预测能力与权力的关系依然存在。

[2] 原注：英国皇家空军上校斯塔格在诺曼底登陆前一天，将最终气象报告和预测呈给了艾森豪威尔将军和他的部下。

门根据当前和预期趋势预测未来的学科——成了美国大学中越来越普遍的课程。这对情报研究的暗淡前景大有裨益。

强调保密

如果现实或潜在的敌人知道该国哪些情况或事件被关注，就会占据战术优势，所以情报机构不能公开其研究内容和研究方法。保密对于保护信息提供者和其他信息源、避免出现外交困窘局面尤为重要。对情报分析人员和研究人员来说，保密就是隐姓埋名，不与学术同行讨论自己的研究，也不在研究成果上署名。对有些研究人员来说，在专业期刊上发表论文可以获得一种成就感，因而这种匿名的要求是难以忍受的。当然，另一些研究人员学会了适应这种情况。但对于想兼顾学术和情报研究的人来说，办法也是有的，因为许多情报研究并不保密或将来可能不再保密。

情报的隐秘性将会一直存在。但情况是不断变化的，有些过去保密的（或隐瞒的）情报活动现在已经公开承认了。例如，美国已公开承认苏联和中国是美国情报机构的重点研究对象。

实用

有人问乔治·雷·马洛里[1]："你为什么登山？"他回答说："因为山就在那儿。"他的回答可能比较有诗意，也有点挑衅意味。但当有人问情报研究人员为什么研究某个主题时，这样回答却是不行的。虽然所有研究都是有目的性的，因为提供了新知识，但情报研究还必须具有实用目的。也就是说，情报研究必须协助解决问题——主要是决策或政策规划问题。

情报研究是为实用目的服务的这一事实，并不意味着"学术"研究在情报中没有作用，也不意味着没有限定研究主题或方法，而是要求研

[1] 译注：乔治·雷·马洛里（George Leigh Mallory，1886—1924），英国探险家，在尝试攀登珠穆朗玛峰中丧生。

究成果必须针对现实或潜在的需求；简而言之，即不能只是“为真相而真相”，而是要有产品。有时，情报产品的用途（或作用）难以预测。例如，在 1965 年，一位人类学家和另外三位研究人员写了一份关于越南共和国内土著部落的报告。虽然当时这份报告的作用是显而易见的，但出乎作者意料之外的是，报告中关于土著人掩埋习惯的内容在 9 年后帮助情报人员查明了在越南被击落的美国飞行员的下落。

有些似乎是学术型的研究也具有情报价值。例如，关于苏联人在二战中使用大规模火炮是否具有某种规律（如果有的话）的研究，可以用来预测苏联在未来战争中使用火炮的原则。关于法国防御工事（例如马其诺防线和奠边府军事基地）的详尽研究能揭示法国军事原则的细微之处，而这些从表面上是看不出来的。[1] 此外，20 世纪 60 年代中苏之间的冲突，早在 13 世纪就有先例，当时蒙古族人劫掠了俄国人在顿涅茨盆地的定居点。分析这些早期冲突，对分析当前中苏关系或有借鉴意义。

通常，情报研究题目来源于作战需要，之后被分配给研究人员，而不是由研究人员挑选，这一点将在下文论述。但如果情报研究人员很熟悉某个主题，就能很好地预测研究需要，通常可以决定和选择研究题目。

简而言之，情报研究人员不应该由于某一研究主题目前没有实用性而放弃它，因为潜在实用性和当前实用性一样，都具有情报价值。例如，储存在《国家情报评估》（*National Intelligence Estimates*）中的大量基础信息虽不具有当前实用性，却具有潜在实用性。

---

[1] 原注：具有讽刺意味的是，奠边府军事基地被攻破和随后法国在印度支那势力的衰退，主要是由于越南独立联盟（Viet Minh，简称越盟）使用了密集火炮。在奠边府的法国防御部队认为越盟不可能或无法使用火炮，因为那里地处山地而且没有道路。这是典型的情报失误案例。

八、情报研究人员的特质

如果向任何一位权威人士询问哪些特质是人们从事研究工作所必备的？其中有四种特质是公认的：推理能力、准确性、学术诚信和虚心。其他被专家经常提及的特质还包括：判断力、勤奋、缜密、创新精神等等。毫无疑问，这些特质是生产出合格情报产品的必要条件，但不是充分条件。由于情报研究的特殊性，要生产出合格的情报产品，还需要其他一些特质。这些特质看似普通，但对情报研究人员来说却很关键。下文将讨论情报研究人员的必要（但不是充分）特质。

推理能力

所有人都认为：自己具有良好的推理能力，如果其他人不赞同，只能说明那些人的推理能力差，而非自己的问题。温斯顿·利特尔、哈罗德·威尔逊和埃德加·穆尔指出：

> 人们很难发现自己思维中的错误。我们许多人都相信自己的思维是没有错误的。但是有自信，并不能保证思维是正确的。实际上，那些对自己思维似乎最自信的人往往会犯最严重的错误。对于自己得出的结论，狂热者远比一般人自信……我们可能会认为已经将事情想得很仔细了，而实际上我们只是下意识地接受了其他人的想法或结论，然后自欺欺人地认为这些结论都是经过逻辑推理得来的。[1]

---

[1] 原注：Winston W. Little, W. Harold Wilson, and W. Edgar Moore, *Applied Logic* (Boston: Houghton Mifflin, 1955), p. 1.

推理能力不足的例子很多。分析人员常常将事实与推断混淆起来，或把推断当作事实来开展研究。他们经常宣称，自己是根据证据进行“逻辑”推理而得出结论的——即使归纳的结论没有经过逻辑证明，而且也没有针对不同研究采取不同的“证明”方式。**“推断”**和**“暗示”**常被滥用，说明研究人员不仅对术语不了解，而且对潜在的逻辑概念不熟悉。

简单化地要求研究人员“学习逻辑课程”，并不能必然保证提高研究人员的推理能力。但通过了解逻辑谬论、熟悉演绎 / 归纳过程和了解影响思维的主观因素，研究人员至少可以提高对潜在推理错误的敏感性。例如，通过学习逻辑谬论，研究人员可以发现自己没有意识到的思维误区。研究人员还会发现，虽然演绎法很有用，但通过演绎法得出的结论，与作为其基础的假定一样不确定。此外，在情报研究中，在假定没有被验证的情况下，也必须作出决定，解决问题和得出结论。最终，研究人员会发现（如果他还不知道的话）他必须使用的、最难的推理形式是归纳——一种没有严格规则可循的推理形式。

准确性

准确性有两种含义。第一种指精确性或确凿性。例如，使用八位数方格坐标标记地理位置比使用“位于 ________ 东北大约 10 英里（16.09344 千米）处”的描述更准确。第二种含义是没有错误，或“符合事实”。两种含义都与情报研究有关。例如，在朝鲜战争期间，美国军事规划者分不清平壤（Pyongyang）、平康（Pyonggang）和平安道（Pyongan）这几个地名。在制订空袭计划时，错将平康（只有一个郡的规模）当作目标，而实际要轰炸的目标却是朝鲜首都平壤。

情报研究出错的概率较高，尤其当情报研究人员没有利用原始信息，而是利用别人预先加工过的信息时更容易出错。例如，当分析人员使用别人对外文信息的阐释时，不仅自己可能出错，还会受翻译者错误的影响。即使研究人员使用原始信息（如外文报纸），也可能遇到母语中所没有的词语或概念，只能译成相近词语，从而造成潜在的错误。

空中侦察被吹嘘为“准确的”原始信息源。但实际上，有时两个图像判读员会为一个图像到底是卡车还是坦克而争论，甚至要打起来。如果情报分析人员目睹这一幕，就会明白即使是最好的情报搜集技术也难以避免产生错误。当然，传感器不会撒谎，但判读员可能会受到先入为主的观念、偏见和信念的影响，而下意识地撒谎。研究人员至少应意识到他可能会给本来就不清楚的信息增加错误的可能性，将导致严重后果；因此，了解影响行为的主观因素十分必要。

从搜集到分发，情报生产的每个环节都需要准确性。含糊不清的情报信息报告（intelligence information report，IIR）会导致不清晰的解释，进而产生质量不可靠的情报产品。错误的数据，例如将 40000 遗漏了一个零而写成 4000，会造成灾难性的后果。显然，信息搜集或信息分析错误的最严重后果是可能造成结论错误。情报研究人员还应认识到，由于情报工作有时间限制，即使能发现错误，要修正错误也代价高昂且耗费时间。此外，情报研究人员进行记录、计算、引证、解释或引用信息等工作时，更需注意准确性，因为原始信息有时不够准确，而且一些所谓“确凿的”信息实际上是被对方篡改过、用来误导的。

学术诚信

在学术研究领域，学术诚信通常指正确注明信息来源，以及承认他人对学术成果做出的贡献。简而言之，就是让荣誉属于应得之人。而在情报研究领域，这些形式的学术诚信很大程度上无关紧要，除非当情报研究成果作为学术成果提交时。

在情报研究领域，学术诚信的另一含义——坚持正确观点、不随波逐流——很重要，虽然情报研究人员有时迫于压力会支持某个观点。坚持学术诚信说起来容易做起来难。有时，情报研究人员的学术诚信会受到严峻的考验。例如，当他即将完成研究时发现一个和主要论点相悖的信息，整个研究工作面临被全盘推翻的危险，这时，任何普通人的脑海中可能都会闪过一个偷懒的想法——“漏掉”这个倒霉的发现。但在情报研究领域，有比自尊心或名誉更重要的东西处于危险之中，因此，学术诚信是必须坚持的，即使这样意味着推翻整个研究并从头开始。关于这一点，巴曾（Barzun）和格拉夫（Graff）总结得很好：“在其他领域，诚信是最好的选择，但在研究领域，诚信是唯一的选择。”[1]

虚心

虚心指能够接受别人的观点。有人说，几只鹅在一起是鹅群，几头牛在一起是牛群，而几个情报分析人员或研究人员在一起是争论的开端。聪明人往往很自负，同样，对其研究领域有深厚积累的研究人员认为（常常也是无可非议地），他们在该领域拥有比别人高明的见识。但这种自以为是往往使研究人员看不到真实的问题。例如，人类学家发现，一个很有用的做法是让一个“没有经验的”观察者和实际的研究人员一起工作，来保证专业人员在关注文化的细微之处时，不会漏掉显而易见的现象。

虚心的含义是能够接受他人的意见和解释——例如与研究人员意见相左，却能解释某种情况或事件的替代假说（alternative hypotheses）。值得注意的是，虚心并不意味着卑屈地接受所有不同见解。在每项研究的某一点上，决断力是非常重要的，要完成研究必须表明立场。为了防止研究人员过早局限于某一可能后来站不住脚的观点，只要有足够的时间采取正确的行动时，研究人员就应接受所有替代假说。

怀疑精神

怀疑精神在情报研究中至关重要。大多数国家都会封锁某些信息，所

[1] 原注：Jacques Barzun and Henry F. Graff, *The Modern Researcher* (New York:Harcourt, Brace and World, 1970), p. 60.

以相关的公开信息就不禁让人生疑。不过，经验是研究人员判断信息源可靠性的最好指导。有些国家的“公开声明”是系统化地在进行误导，情报研究人员几乎总是需要把声明的内容反过来理解；有些类型的消息提供者认为，他们提供的信息越重要，他们作为消息提供者就越有价值，因此会故意夸大和歪曲信息；还有许多消息提供者的观察能力严重不足，尤其是观察不熟悉的事物或活动时。

但怀疑精神也会对研究人员造成不良影响，所以有必要区分“健康的”(由于没有更准确的词语，只能暂且这么说）和“不健康的”怀疑精神。前者在某些情况下适用，后者具有普遍性。在学术研究中，人们通常选择相信信息，除非有证据证明它是错的。在情报研究中则相反，人们普遍怀疑信息，直到有证据表明它是对的。这种情况对于可控来源的信息和不可控来源的信息同样适用。

超然

如果情报研究人员与研究对象有情感关系，就容易失去客观性。笔者注意到，许多年轻的军事分析人员在研究朝鲜、北越和中国共产党的反美宣传时，常常难以保持超然的态度。虽然他们被告诫不要带有情绪，但许多人难以平静地、不带感情色彩地阅读每天搜集的反美宣传资料。例如，当读到对“美帝国主义”的激烈批评时，他们的第一反应是提出相反的论点来进行反驳。无论产生何种情绪，研究人员都要将它转化为工作的热情，来处理那些令人烦恼的问题。情报研究人员应该把情报工作看作一场比赛——一场双方力争获取互补目标的严肃比赛。

一方努力隐瞒、隐藏、欺骗或误导，而另一方要努力识破诡计和计谋以了解真相。情绪的能量应该用到别处，来获取积极的结果。在以上宣传分析的例子中，研究人员不应关注反美批评的内容（这些内容经常重复），而应关注反美宣传被发布这件事本身及其高度的规律性。如果分析人员只顾着对内容作出情绪反应，往往会忽略这些事实。当然，情报工作非常严肃，不能指望情报人员会喜欢他的敌人，但对敌人有激烈的仇恨会影响感知力，并损害客观性。

耐心、勤奋和毅力

那些期望快速解决难题的情报分析和研究人员该警醒了：在简明扼要、演绎合理的报告后面，是不为人知的大量艰苦、枯燥的工作。单调辛苦的工作不是情报研究独有的，而是所有研究的普遍准则。情报问题很少能戏剧性地解决。希望能突然获得灵感的研究人员很快会变得失望，因为他可能会发现自己找不到解决办法，或进入了死胡同，或不得不第一百次审读已研究了数月的资料。

第谷·布拉赫、约翰尼斯·开普勒（Johannes Kepler）和哥白尼花费数年、进行了数千次观测，才发表了他们的研究成果。达尔文用了数年时间思索、推敲并反复研究他的发现，若不是另一位生物学家即将公开类似成果，他还会推迟很长时间才发表他的进化论。[1] 诚然，上述例子并不能给在严格的时间限制下工作的情报研究人员带来丝毫的安慰。但需要解决的问题越紧迫，越需要耐心、勤奋和毅力。

想象力

合格与杰出的研究人员之间最大的区别是想象力。其他特质可以训练，但对于多数研究人员而言，想象力的确难以通过后天去提高。研究领域里的想象力不是异想天开、白日做梦等等（尽管这些情况可能包含偶然发现），而是释放创造力来想出非传统（但有效）的方法，从而解决看似

---

[1] 原注：达尔文具有划时代意义的著作《物种起源》的资料搜集工作在该书出版 28 年前就开始了。（当然，《物种起源》还包括后来的观察结果。）这个典型案例反映了研究项目的资料搜集阶段开始于问题定义阶段之前。有趣的是，设想一下，如果达尔文在随英国海军“贝格尔”号航海的途中，能用正式的假说指导资料搜集工作，是否可以更早发表其研究成果呢？

无法解决的问题，包括想出新颖的信息搜集方法或显示新含义的信息组合方法。玛格丽特·米德（Margaret Mead）在谈到遥远文化（研究人员无法接触或已消亡的文化）研究时，指出了想象力在人类学研究中的重要性。

> 然而，对于遥远文化研究来说，研究人员还需要其他能力，因为不论研究人员使用何种特定材料——访问记录、电影、艺术形式、游戏、俚语等——都需要超越其原始资料，在更大的整体，即文化中来研究。文化指的是人们在某一群体、社会或时代中共有的习得行为的总合。在历史研究中，这种能力被称为历史想象力，即通过羊皮纸文稿、墓碑碑文、庄园管家的采购单或道德剧的服装费用，来复现早已过去的时代的生活。在复现时，学者必须能够将各种线索联系起来，例如，他要能够根据描绘中世纪服装的绘画、用品开支单、商店所售食物清单、宗教音乐的零星乐谱、当时气候和日历来复现中世纪的生活，以至于能够在脑海中看见、听见、嗅到降灵节游行队伍通过时熙熙攘攘的街道。只有将各种线索或遗迹组合起来，复现一个生动的全貌，才能了解它的各个部分。[1]

显然，对于超越现有材料的建议必须谨慎地听取，研究人员当然不能脱离事实来作出论断。但情报研究不能只依靠事实，所有研究中的关键问题就是“这些事实意味着什么？”此时想象力就发挥出重要的作用。例如，利用类比经常可以“解决”无法直接解决的情报问题，然而选择或建立合适的类比需要想象力。未来学家和军事演习专家的方法之一是创设“多元未来”，这是一项创造性的工作，需要推测“如果……会发生什么？”

尤金·韦伯（Eugene J. Webb）等人描述了一种“无干扰测量”

---

[1] 原注：Margaret Mead and Rhoda Metraux, eds., *The Study of Culture at a Distance* (Chicago: The University of Chicago Press, 1953), p. 11.

（unobtrusive measures）的方法，这是想象力应用于社会科学信息搜集的一个生动案例。例如，展会上观众对于不同展品的兴趣无法直接进行测量，一位有创造力的社会学家想出了一种方法：计算不同玻璃展柜上的鼻子印迹。类似的情况是，通过测量不同展品前地砖的磨损程度，研究人员可以确定什么展品最吸引观众。[1] 诚然，通过有些方法搜集的数据是“脆弱的”（相对于“硬”数据），但在许多情况下，即使依据“脆弱的”数据也足以作出决定。[2]

有时，想象力以直觉的形式呈现。直觉是假说的前身，假说相对于直觉更有说服力。情报研究领域的人们比较熟悉的学者华盛顿·普拉特（Washington Platt）将直觉定义为：

> 科学的直觉是一种综合的、想要澄清问题的想法，当人们密切关注某一问题时，这种想法会突然出现在头脑中，成为解决问题的办法。典型的情况是，研究人员对某一问题研究了很久，在没有有意识地思考这个问题时，科学的直觉出现了。直觉来自对事实的广泛了解，但主要还是基于想象力的迸发，因为它超越了任何理智的人从现有数据都会得出的必然结论。直觉是一个创造性思维的过程。[3]

直觉、顿悟、直感、替代解决方案、替代方法和对目标（例如信息来源或最终产品）的预见都是想象力的体现，它们在情报研究实践中有很实

[1] 原注：Eugene J. Webb et al., *Unobtrusive Measures: Nonreactive Research in the Social Sciences*（Chicago: Rand McNally, 1966）.

[2] 原注：为了避免读者因本书使用俚语而受到冒犯，“脆弱的”这个词在拉尔夫·斯特劳其的报告《对定量分析方法作为政策分析工具的批判性评估》（加利福尼亚州圣莫尼卡：兰德公司，1974）中被定义为“不具有清晰的数学公式、不能明确地抓住实际问题核心的”。该定义使这个被社会科学家使用多年的词变得更加正式。

[3] 原注：Washington Platt and Ross A. Baker, “The Relation of the Scientific ‘Hunch’ to Research”, *Journal of Chemical Education* 8（1931）: October.

际的应用。

情报研究人员“不能积累”想象力，但正如巴曾和格拉夫指出的，情报研究人员可以学习释放其想象力的方法。在很大程度上，是人们自己限制了自己的想象力和创造力。因为害怕犯错误，害怕因提出非正统方法或非正统结论而被嘲笑，或因为过于关注问题，许多研究人员有意或无意地限制了其想象力。

普拉特发现，许多成功的研究人员在入睡前或从事与他们的研究无关的活动，如听音乐或简单地放松时，会产生最具创造力的顿悟。阿基米德在洗澡时发现浮力定律的故事可能有一定的道理。但在没有经验的研究人员开始营造有利于产生创造力的条件前，重要的是要注意到，正如普拉特说的，“大多数（研究人员）说直觉是在看似休闲的时段内产生的，但这种休闲是在长期认真的研究工作之后的”[1]。

九、小　结

- 判断调查活动是否属于研究的三个标准是：
  - 目的性，即针对可辨认的结果或目标，例如回答某个具体问题或一系列问题；
  - 系统性，即按计划或设计进行；
  - 创新性，即必须提供新知识或对已有知识作出新解释。
- 情报研究试图模仿学术研究的模式，即是（或必须是）有目的的、系统的、创新的。
- 与学术研究不同的是，情报研究受以下因素的限制：有限的时间、对实验变量只有很小的或没有控制力、不充足的信息，以及有时不得不使用质量不确定的信息。

[1] 原注：Washington Platt and Ross A. Baker, “The Relation of the Scientific ‘Hunch’ to Research”, *Journal of Chemical Education* 8 (1931): October.

- 除了限制因素，情报研究与学术研究的差异还表现在其他四个方面：
  - 情报研究侧重于预测，而学术研究侧重于描述和解释；
  - 情报研究的信息搜集手段比任何大学或私人机构的都高级；
  - 不同于学术研究成果，情报研究成果通常是保密的；
  - 情报研究产品必须解决现实或潜在的问题，不能只是纯粹“为真理而真理”，而是要有产品。
- 情报研究只是有时与学术研究模式接近，但这并不意味着情报研究降低了严谨性或标准，而且它比学术研究更实用。
- 合格的研究人员应具备的特质包括：推理能力、准确性、学术诚信和虚心。这些是情报研究人员的必要（但不是充分）特质。
- 情报研究人员还需要其他特质，包括：怀疑精神、超然的态度、耐心、勤奋、毅力和想象力。
- 为了找到创新的方法来搜集和分析对方对外界保密的信息，想象力对于情报研究尤其必要。此外，为了提出解释情况或事件的各种替代假说和理论，或将来可以验证的假说，想象力也是必需的。

[第三章]

研究的种类和证明的性质

在厚重、低垂的云幕掩盖下，一支位于北太平洋的航母攻击部队使用轰炸机、鱼雷机和歼击机发动了一场空袭。目的地是珍珠港，目标是美国太平洋舰队。这支接近瓦胡岛的部队完全未被发现，空袭的结果是理论上消灭整个太平洋舰队。之所以说“理论上”，是因为这场空袭其实是美国海军军事演习的一部分。这次演习举行于 1932 年 2 月 7 日，也是一个星期天，这一点颇具讽刺意味。这次行动是一次模拟行动，是对未来可能发生的真实袭击的模仿或模拟。演习后数年，当时观看演习的、以直言不讳闻名的比利 · 米切尔[1]将军说：

> 如果有人能让总统（罗斯福）意识到日本会挑起事端，也许我们在菲律宾和夏威夷会部署更多的飞机。多年来，总统一直认为远东不可能发生战争，而且日本不可能袭击美国。那只是海军的想法。事实上，日本人不会礼貌地宣战，而夏威夷应对空袭的能力很弱，对日本完全没有防御……而且日本间谍遍布夏威夷。

---

[1] 译注：比利 · 米切尔（Billy Mitchell），美国早期空军战略家，空军倡导者之一。他和意大利人杜黑、英国人特伦查德一起，被视为空中战争理论的三位先驱。2003 年，美国国会投票同意追认比利 · 米切尔为“现代空军力量之父”，并授权批准美国总统布什将这位前陆军上校晋升为少将军衔。

正如我之前说过的，夏威夷成为袭击的目标——在一个美好、安静的星期天早晨。[1]

米切尔将军的**预测**（或更确切地说是**预言**）依靠的是灵感、判断力和想象力。由于他的预言不是基于对重复现象的观察，因而不是科学意义上的预测。许多情报领域的“预测”必然无法建立在重复现象上，因为情报研究最关注的是那些还没有发生的现象，或者即使发生了，也不可能再重复的现象。最典型的例子是一个大国对另一个大国的核打击。

本章着重于描述性研究和预测性研究，因为这两种活动是情报研究和分析活动的主体。本章讨论了证明在描述性研究和预测性研究中的差异。例如，许多所谓的预测性研究实际是描述性研究的变体。本章还讨论了模型（例如美国海军 1932 年进行的军事演习），以及模型的有效性与情报研究的关系，尤其是与预测性情报研究的关系。

需要说明的是，预测性研究与描述性研究的界限是模糊的。例如，大多数正确的预测都建立在对过去活动的描述或对重复现象的观察上。本书中，**“预测性研究”**主要指建立和测试模型的活动，这些模型能够预测在某些变量相互作用下可能出现的结果。

一、描述性研究

顾名思义，**描述性研究**指的是重建、解释、阐述、说明或描述某个现象的活动。[2] 这种研究可用于研究独特现象或重复现象。独特现象包括独一无二的事件、物体或人，重复现象指多次出现的活动或事件，如导弹发

---

[1] 原注：Emile Gauvreau, *The Wild Blue Yonder* (New York: E. P. Dutton, 1944), pp. 169–171.

[2] 原注：有些作者可能会将解释划分为独立的研究类型。但是，很多“解释”只是对于变量相互关系的描述。例如，解释事件常常是在描述可能引起后续事件的先行条件。

射、通信和战术演习。

同所有研究一样，描述性研究的目的是提供新信息——能够支持现有结论或形成全新结论的信息。在情报研究领域，新信息需要新的推测。在科学研究领域，新信息的条件是：已有原理不能充分解释事实，需要提出新原理。[1]

仅由描述性研究得出的预测是“脆弱的”，因为这种预测不是基于界定明确的、能清晰地抓住问题本质的数学公式。这种预测如以下陈述，“到 ______ 年，苏联导弹库将包括 ______ 枚洲际弹道导弹和中程弹道导弹。”显然，这种预测的准确性远不如对日蚀、亚原子粒子运动或气象现象的预测。

二、描述性研究中证明的性质

描述性研究与预测性研究的区别在于验证假说的方法不同。简而言之，假说是“可验证的论断”，或关于“不同事实间因果关系”的试验性陈述。在描述性研究中，验证假说通常涉及寻找支持或反驳假说的证据。例如，历史学家（或情报分析人员）可能会提出一个假说来解释某事件发生的原因，在验证假说时，他不仅会寻找支持这个假说的信息，而且会寻找反对这个假说的信息。如果搜集到的证据（假定是现有的全部证据）证明他的假说比任何别的假说更具有似真性，那么他的假说就是正确的。此例中，**“似真性”**（plausibility）的含义是可能性、与其他事实和理论的符合性，以及简明性。例如，当其他方面都相同时，简单的解释（假说）比复杂的解释（假说）更可取。

当历史学家（或社会学家、人类学家）尝试根据重复情况或事件来提出一个原理时[2]，他可能会寻找与该事件相似的例子（某些前提条件导致某

[1] 原注：例如，牛顿力学无法准确解释亚原子的运动，所以量子力学被提出了。

[2] 原注：例如，情报研究中对“民族性”的研究就是对群体行为原则的研究。

些结果的例子）来验证他的假说。如果他能找到相似的前提条件与结果存在关系的例子，这些例子就可以证实他的假说。这种例子越多，他对自己假说的信心就越强。研究人员也会寻找上述前提条件不会导致上述结果的一些例子。如果他找到这种例子，他的假说就是无效的。显然，历史学家无法使历史事件再次发生，所以无法复现他的实验。他只有寻找，希望找到与所研究情况类似的例子。因此，他对某个假说的相信程度是由情况的相似性决定的。

三、预测性研究中证明的性质

预测性研究的目的是解释或说明某个现象，此外，预测性研究会提出新的原理（或自然定律）来预测某些变量之间相互作用的结果。原理是通过观察宇宙的规律后得出的基本真理或普遍规律，是现代科学思想的基础，因为通过原理可以作出非常准确的预测。当然，预测性研究最适合研究重复现象，最能体现纯粹的预测性研究的学科是物理学。

历史学家和大多数情报研究人员必须寻找一切存在的证据来证明自己的假说，而物理（或实验）科学家与他们不同。物理（或实验）科学家能在实验室里根据计划操纵自变量，因此可以创造预测（或假说）所需的情境，而且几乎可以立即对比在操纵实验条件（变量）情况下的结果和预测结果（即他的假说）。[1] 如果实验的实际结果与预测结果吻合，科学家的假说就被证明是正确的。[2]

用于最广义的验证的测试方法是实验。广义的实验既包括在头脑中排

[1] 原注：“立即”是相对于验证马尔萨斯关于世界人口超过食物供应量的理论和斯宾格勒关于西方没落的理论所需要的时间而言的。

[2] 原注：当然，这种说法是过分简单化的。在实践中，科学家还要验证零假说——这种假说认为任何实验结果都可能是偶然的。当信息不支持零假说时，零假说就被推翻，同时原假说被证明是正确的。

除其他假说（如历史学家或情报研究人员所做的），也包括在实验室里操纵可控变量。情报研究人员很少能进行可控的实验，但通常可以对同一类现象进行大量观察。虽然这样不如观察可控的情况准确，但对于同一类现象的观察结果可以作为预测模型的输入信息。

为了便于对比，科学家的研究步骤被简化了。然而，需要注意的是，科学家可以数十次重复自己的实验。也许更重要的是，其他科学家也可以重复这个实验。这一点构成了情报研究与科学研究在预测上的差异。情报研究的预测基于对特殊事件的描述性研究，是“脆弱的”预测；而科学研究的预测基于不同研究人员对同一实验的多次重复，是“硬”预测。情报研究中的预测常常是基于非常有限的样本——有时只有唯一的样本，因此其假说验证规则与有大量（例如 100 个）样本的假说验证规则不同。对于情报研究的预测，验证假说时不仅要考虑假说的可能性和似真性，也要考虑假说提出者的说服能力——他的知识、经验和以前预测成功的概率。对于科学研究的预测，接受或反对某个假说几乎全部由统计表决定。

尽管描述性研究证明与预测性研究证明的性质不同，但并不意味着某种证明比另一种更接近“真理”。两种证明都分别适合自己的领域，而不适合对方的领域。如果没有统计数据的支持，格雷戈尔·孟德尔（Gregor Mendel）的遗传学原理将变得没有意义，但爱德华·吉本（Edward Gibbon）对罗马帝国衰亡的解释却无法通过任何实验来验证。法院在证明过程中也要遵循证据规则。为了行文准确，最好在数学上使用“证明”这个词，而在假说验证上使用**“检验”**和**“验证”**。**“证明”**包含着确定性的意思，与假说和理论的试验性特点相反。

四、冲突环境中的理论验证

读者不应认为实验和理论验证与情报和情报研究无关。设想一下某国试图查出另一国飞机预警系统工作模式时的做法，通常，他们会派遣装载电子设备的飞机靠近或飞越另一国的国界，记录下其使用的雷达数量、型号、位置和特点。

通过数次执行以上任务，可以获知对方飞机预警网络的概况，但总会缺少个别地区的信息。为了得到飞机预警网络的完整信息，可以通过过去观察到的敌方在其他地区使用预警设备的惯例，推断或通过计算来猜测某个地区的预警设备种类。这些推断是可验证的假说。如果时间充足，应该刺激敌人把雷达转到“未试验的”地区，从而验证假说。要不是因为敌人有可能不打开雷达（即不受任何自然规律约束），这种研究可以算作最严格意义上的预测性研究了。

观察敌人的活动规律是各种准预测性研究活动的基础。如前面提到过的，重复性活动包括：固定的通信操作步骤、外场操作的相似模式，以及武器系统研究、试验和开发的相似模式等。但所有这些活动都是由敌人的选择控制的，而不是受不可违背的自然规律控制。因此，这种通过观察重复活动得出的预测，在人类活动研究中不如在物理科学中准确。使预测人类活动更难的是，敌人有时会故意保持某种活动模式来隐藏其他活动，或进行误导和欺骗。

尽管存在固有的局限，但验证预测和提出“可行的原理”是情报和情报研究中比较常见的活动。因此，对证明性质的讨论不仅仅是一个学术讨论。

五、模型和科学方法

模型的概念来源于物理科学，但被运用于其他许多非科学的研究，尤其是情报分析和研究中。模型最简单的意思是：现实的抽象物或代表物。例如，棋子是交战者的模型（代表物）；棋类游戏是冲突的模型；化学分子式是某种物质的符号代表物（模型）；飞机模型是真实飞机的微型代表物（当然，少了许多部件）；本章开头描述的海军军事演习是真实战争的模型；博弈论是政治、军事或经济冲突的模型（略去了无关的部分）；科学理论也是模型。模型的优点是：人们可以通过操纵符号，而不是真实世界中的要素来预测结果。预测时最常见的符号操纵方法是仿真。

每当研究人员提出一个假说来解释变量间的相互作用时，他就在建立一个模型。建立模型是一个创造性的工作，因此如前文所述，需要想象力。模型的质量取决于能否清晰地解释变量间的相互作用，对科学模型而言，模型质量指的是预测的准确度。判断模型解释或预测的准确度构成了科学方法。

简而言之，科学方法包括以下步骤：(1) 研究人员直接观察，或通过研究以前的观察和测量报告来间接观察；(2) 研究人员建立（假定）一个模型来解释观察到的现象；(3) 研究人员对模型进行测试（实验），检查测量结果，检查逻辑（体现在假定的模型和实验设计中），并且将实验结果与根据模型预测的结果进行对比；(4) 如果实验结果与根据模型预测的结果相似，他的模型就是有效的。如果实验结果与根据模型预测的结果不符，而且研究人员确信测量结果或观察结果无误，他就不得不修改他的模型或再次进行同一实验，或放弃这个模型，并提出一个新假说。科学方法的步骤如图 3.1 所示。

需要指出的是，“基础”科学家的主要工作是确保模型的质量，而非作出具体预测。然而，经过验证的模型在将来任何时候都可用于任何次数的预测。[1] 而另一方面，“应用”科学家（例如大多数情报研究人员）的工作是将模型应用于实际情景，从而作出具体的预测。

[1] 原注：当然，前提是观察到的变量间的关系不改变。

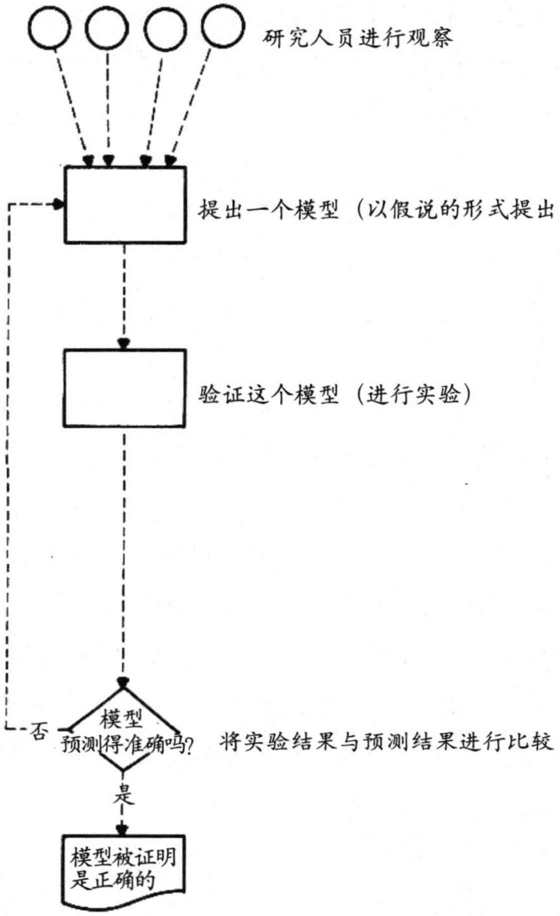

图3.1 模型的验证与科学方法

六、非科学研究中的科学方法

历史学家或人类学家提出假说来解释历史事件或描述文化产物用途，相当于建立了一个模型。不同于科学家的模型，历史学家验证假说不用将实际事件、情况与预测的事件、情况进行对比。如前所述，验证假说的原则或标准是已有信息与理论的符合程度。但应该记住，科学方法的步骤与非科学研究相关，就如同这些步骤与验证科学的预测性模型相关一样。一旦附带某些条件，科学方法就是最适合情报研究的方法。

通常，在情报研究或分析的第一步，研究人员会进行观察。情报研究人员或分析人员的观察方法不同于物理学家对现象的直接观察，而是间接观察，即研究文献、阅读情报报告、研究照片、询问参与者或其他观察者。第二步，在观察的基础上，研究人员提出关于所发生事件或事件原因的试验性解释。这些最初的试验性解释被称为工作假说。之后，检验这些工作假说的可能性和似真性，将其中看似最可能的假说留待进一步验证。

新的输入信息可用来验证这些留下的假说，其中新的输入信息最支持的假说（即最符合新的输入信息的假说）成为结论的基础。大体上，情报研究的程序和物理学家采用的方法没有很大的不同，但仍有一些重要的差异。例如，实验科学家只提出一个假说，而情报研究人员为了尽快穷尽所有逻辑可能性，会提出尽可能多的、可能和可信的假说，而且很可能同时验证多个假说。[1] 情报研究人员是被迫这么做的，原因是无法在现实世界中像在实验室里一样复制这些变量。然而，物理学家可以有条理地检验一个假说，复制这些变量后再检验另一个假说，不断继续这一过程，直到将全部的假说都检验一遍，或证明其中一个假说成立。而情报研究人员却无法复制某个情境，因为参与者变了，情况变了，最重要的是，时间也变了。虽然有可能重新创造某一事件发生时的物理环境，但如果不考虑到参与者在原来的事件发生后已经获得了一些知识或经验，就不可能完全复制这个事件。

理论上，不应该使用最初建立假说的信息来验证假说，在假说提出和假说验证过程中使用同一信息可能会导致陷入循环推理。但在历史研究中，不太可能获得额外信息，因此验证假说只是检验已有的事实与假说的符合程度。[2] 情报研究和与建立科学原理有关的研究的另一个差异，是预

[1] 原注：实践中，假说从来都不是单独验证的。至少，如前所述，任何提出的假说都有零假说的存在。

[2] 原注：在假说提出阶段，研究人员会努力使理论符合实际。然而，在假说验证阶段，验证的是，事实是否符合理论。

测在验证中的不同作用。只有当预测的事件真实发生了，才能说科学的假说是成立的。然而，许多情报研究和分析的目的恰恰是防止某个事件发生，因此要用真实的事件来验证预测常常是不可能的。

以建立科学原理为目的的研究旨在揭示事件之间的相互关系，以预测某一类事件的后果[1]，而情报研究更侧重预测具体的事件。情报研究中假说验证的普遍方案如图 3.2 所示。

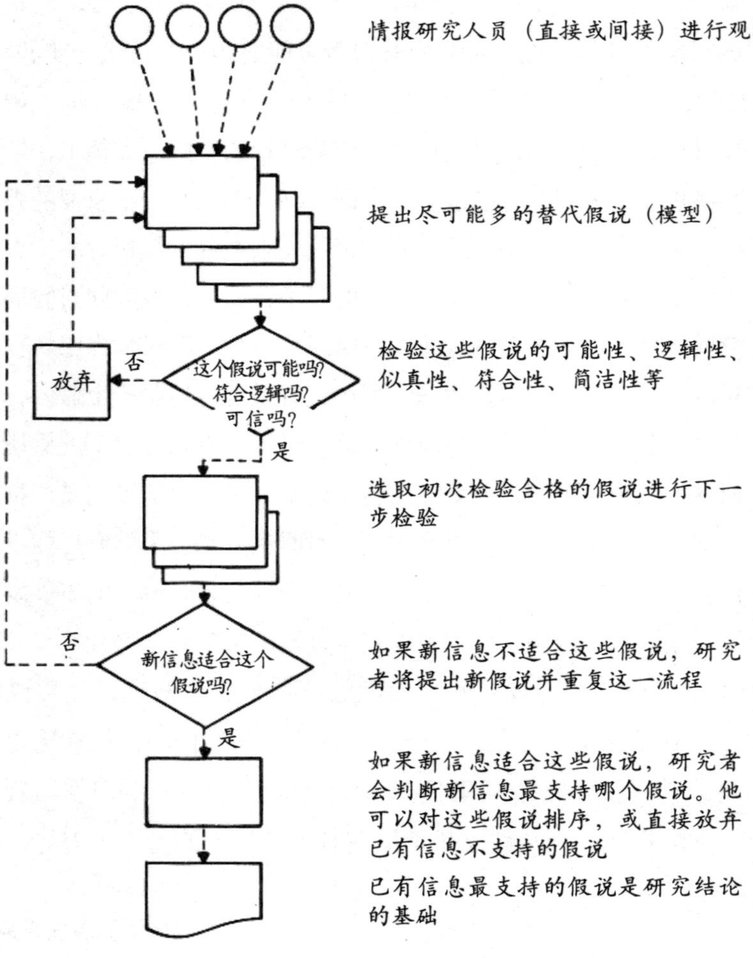

图3.2　情报研究中的假说验证

[1] 原注：一个简化的例子是，引力理论对苹果和弹道导弹同样适用。

七、情报研究中的预测模型验证

预测模型的建立和验证是情报研究活动的重要部分。例如，经济情报研究人员和分析人员经常使用预测模型，而模型验证是他们分析或研究活动的主要部分。例如，农业经济学家可能会根据某些变量（如耕地面积、施肥情况、生长季节和降水量）设计算法（或公式）来预测谷物产量。初始算法是一个模型——必须通过对比预测产量和实际产量来进行验证和改进。在武器生产方面，经济学家会根据一些变量（例如熔炉和仓库数量、占地面积和可利用的运输网络）设计一个算法，来估计某个生产设施的生产能力。

在运输情报方面，根据已知变量（如转载设备、可用的单轨或双轨铁路、全部车辆和火车头的可用性、列车长度等），可以利用模型或算法来推测所选定铁路的物资运输量。分析人员可以通过计算机仿真来操控这些变量，从而推测（预测）在不同条件和配置下的运输量。

有时情报界会很幸运，因为被证实的关于敌人（或敌人行动）的模型可以用于作战。例如，在二战期间，美国情报分析人员根据日本人在潟湖修建的简易厕所数量，估算出日本在比托岛（Betio，属于吉尔伯特群岛）驻军的规模。分析人员使用的“模型”来自缴获的日本文献，里面有军队条令规定了军人数量与所配备卫生设施的比例。推测的驻军人数与实际人数（总人数为 4715）只差 64 人。[1]

[1] 原注：Samuel Eliot Morison, *History of United States Naval Operations in World War II*, vol. 7, *Aleutians, Gilberts and Marshalls, June 1942–April 1944*（Boston: Little, Brown and Company, 1961）, p.149.

八、专业术语的语义问题

人们一不小心就会被语言蒙蔽，例如，非科学研究并不（或不应该）意味着研究是不科学的。科学与建立可验证的普遍原则的活动有关，但它也是系统的知识，在这一点上，科学与其他学科，例如历史学、人类学或考古学没什么区别。需要注意的是，许多被归类为科学的学科包含一些分支，这些分支与建立自然定律或原理关系甚微，例如植物学、动物学和地质学。这些学科本质上是描述性而非预测性的。无论最严谨的实验科学家承认与否，所有科学都始于描述性研究。

然而，语言使缺乏经验的研究人员产生的更严重的误解是，科学方法是只有科学家才用的方法，这当然是不正确的。科学方法可以应用于各种活动，既包括预测地球表面运动，也包括保养摩托车。[1] 科学方法不是一系列神秘的、准确无误地揭示真理的程序，而是经过试验和验证的一系列检验理论的适用性的程序。在此意义上，科学方法可以应用于任何提出和检验理论的研究，并且是情报研究最合适的一套程序。

九、小　结

- 预测性研究和描述性研究是构成情报研究和分析活动主要部分的两种活动。
- 描述性研究的目的是重建、解释、阐述、说明或描述现象。在描述

[1] 原注：关于科学方法在日常问题中的应用，建议读者阅读 Robert M. Pirsig 的 *Zen and the Art of Motorcycle Maintenance: An Inquiry Into Values*（New York: William Morrow and Company, 1974）。这本书实际上几乎没有讨论禅宗，而且关于摩托车维修的论述也很少。书的内容与书名没有多大关系，主要是对理性思维的评论。

性研究中，证明是指寻找支持或反对假说或理论的信息。

- 预测性研究的目的是提出新原理（或自然定律），使研究人员能够预测、预期或预告变量之间相互作用的结果。在预测性研究中，证明指将预测结果与实际结果进行对比。
- 在本书中，“预测性研究”主要指建立和验证预测模型的过程。
- 建立和验证预测模型的程序有时被称为科学方法。
- 科学方法包括四个步骤：
  - 研究人员进行观察并记录观察结果。
  - 研究人员建立概念模型来解释现象（提出假说）。
  - 研究人员验证模型（在实验室环境里，则是指做实验）。
  - 研究人员将根据模型预测出的结果与实际结果进行对比。如果两个结果相似，模型就被证明是正确的。
- 稍加改变后，科学方法也可以应用于非科学研究。
- 情报研究与科学研究中的理论验证不同，在情报研究中，多个假说可能同时被验证。而且，情报研究人员很少能像科学家那样在实验室里对变量进行控制。在很大程度上，情报研究人员必须寻找使他们能够验证理论的条件或事件，而物理学家和其他实验科学家却可以创造验证理论所需的条件。

[第四章]

情报研究中归纳与演绎的关系

1943 年 11 月 3 日，阿道夫 · 希特勒命令防御进入欧洲堡垒（Festung Europa）的西部通道。在希特勒看来，所有的迹象都表明盟军将于 1944 年进攻法国，最有可能的进攻地点是多佛尔海峡。海峡地区的防御力量被加强到极致，陆军元帅格尔德 · 冯 · 伦德施泰特（Gerd von Rundstedt）和埃尔温 · 隆美尔（Ervin Rommel）被指派击败盟军的进攻。虽然德国海岸防御部队进行了集结，但冯 · 伦德施泰特和希特勒都认为盟军将从勒阿弗尔（Le Havre）和敦刻尔克（Dunkirk）之间的某地进攻，因为从那里进攻可以使盟军在皮卡第平原（plains of Picardy）部署，然后向东到达鲁尔区。几乎没有德国将军认为盟军会愚蠢到冒着在诺曼底陷入困境的危险。而且，希特勒准备用于大举进攻英国的 V–1 和 V–2 火箭的发射装置也部署在多佛尔海峡附近。[1] 总之，德军将领认为盟军从多佛尔海峡发动他们必然的进攻才是“符合逻辑”的。这曾是阿尔弗雷德大帝 [2] 的经典进攻路

[1] 原注：Samuel Eliot Morison, *History of United States Naval Operations in World War II*, vol. 9, *The Invasion of France and Germany, 1944–1945*（Boston:Little, Brown and Company, 1962）, pp. 39–49.

[2] 译注：阿尔弗雷德大帝（Alfred the Great）是英格兰盎格鲁 – 撒克逊时期韦塞克斯王朝的国王，也是英国历史上第一位称呼自己为“盎格鲁 – 撒克逊之王”的君主。他率领臣民对抗北欧维京海盗民族的入侵，被后世尊称为阿尔弗雷德大帝，同时也是英格兰唯一一位被授予“大帝”名号的君主。

线，拿破仑·波拿巴、后来希特勒本人在 1940 年都曾经计划过，但又放弃了这条进攻路线。

当然，盟军没有从多佛尔海峡进攻。德军最高统帅部在假定的基础上，部分地根据盟军精心实施的欺骗手段进行概括，并错误地演绎，在此基础上作出了二战中最致命的决定之一。德军最高统帅部的错误是归纳的错误。不幸的是，对于战场上的指挥官、办公室里的情报分析人员和普通的情报研究人员来说，没有任何避免作出错误概括的预防措施——没有规则可循，也没有“增强”思维能力的训练使他们一定能根据观察结果得出正确的概括。

本章讨论情报研究和分析中的推理过程，也就是与科学方法不同步骤相关的推理过程。本章使用**“假说—演绎法”**（hypothetico-deductive method）代替**“科学方法”**（scientific method），两个词语意思相同。虽然“假说—演绎法”不如“科学方法”常用，但它更准确地描述了解决问题的过程，并且避免给人这样的印象，即这种方法只限于科学研究。

首先，本章讨论了将模糊的概念转化为可验证假说的思维过程，然后讨论了验证假说的思维过程。关于假说建立，一开始我们就需要提醒：在研究的假说建立阶段，没有什么建议可以提供给研究人员的。建立可验证假说之前的许多活动都是非系统化的、无组织的，甚至可能是混乱的。

研究人员在假说前阶段进行的步骤无法概括。人们对研究人员的刻板印象是他们能从模糊的概念中准确无误地得出精确、正确的理论，这种看法基本上是错误的。实际上，令新入行的研究人员吃惊的是，假说前阶段恰恰是研究过程中最令人痛苦的。一旦研究人员建立了可验证假说，前进的道路就清晰了。研究人员可以列出必须完成的项目、详细指明事件的步骤、预测最终产品的形式，并根据经验预计完成研究的时间。然而，真的只有极少数人能够预测建立假说的条件和所需的时间。

一、定义归纳

归纳是在观察结果或其他证据的基础上进行概括的思维过程。人们从经验中学习的过程就是归纳，例如人们学着将红色和热关联起来，将热和疼痛关联起来，并且将这些关联应用于新情况。显然，归纳不仅对知识传播很重要，对生存也很重要。

归纳是发现的过程。当分析或研究人员开始看出所观察现象中的某些关系时，这就是归纳。例如，分析或研究人员在对公开报道进行系统研究后发现，通常 Z 国发言人在正式宣布与 Y 国签订武器协约前会异乎寻常地发表好战的公开言论；或发现在 Z 国进行核试验前会发生一系列恒定不变的事件。

归纳的基础是确立因果关系。大多数情报推测都是归纳的结果，而且建立任何假说都需要归纳。与其他类型的思维活动（例如演绎逻辑和数学）不同的是，归纳没有既定的规则。描述归纳是怎样发生的，等同于描述人们的想法是怎样产生的。显然，知识和经验对于人们产生想法是很重要的，研究人员的一些个性特点，例如好奇心和对未完成事物的执着精神对归纳有着重要作用。显然，想象力和观察“能力”对归纳过程也很有用。

一些有利于归纳的自然和社会环境是可以创造的，例如能够尝试新想法而不用害怕被嘲笑。但人们对不同情况的反应不同，对有些研究人员来说，压力、焦虑或不舒适有利于提升创造力。要得到正确的概括通常需要进行观察。虽然不能保证大量的观察必然会产生概括，但可以说，没有观察就几乎不可能得出正确的概括。

在假说—演绎过程中，归纳阶段的目的是得出一些可验证假说。由于假说质量受观察者知识和经验的影响，提高假说质量的一个方法是，在假说建立（归纳）阶段让多人参与。有时，让一个单纯的——在当前问题中没有卷入太深的——观察者参与是有帮助的。单纯的观察者可以对一些基本假定提出质疑，而那些在某一活动中卷入太深的人可能认为这些假定理所当然。假说—演绎过程中归纳阶段结束的标志是可验证假说建立起来。

二、定义演绎

演绎是从一般规则到具体事件的推理过程，也包括通过推论或分析前提而形成结论的过程。[1] 在上文关于归纳的例子中，分析人员注意到与Z国核试验有关的一些事件的模式。他的归纳可能采用以下形式："事件1, ..., *n* 总在Z国核试验之前发生。"作出以上概括后，分析人员可能获知事件1, ..., *n* 正在Z国发生。基于这个信息，分析人员得出结论：Z国将试验另一个核装置。首先，分析人员对大量观察结果进行归纳推理并得出概括。其次，分析人员从概括到对具体事例进行推理，这就是在进行演绎推理。他的推理过程是从前提到结论。大前提是：事件1, ..., *n* 总在Z国核试验之前发生。小前提是：事件1, ..., *n* 已经被报告了。假定事件1, ..., *n* 与其他任何活动都没有关系，就可以得出一个合乎逻辑的结论：Z国将要试验一个核装置。上述例子被大大简单化了，像大多数简化一样，它掩盖了一些情况，而这些情况在情报研究中会产生明显的差异。

演绎法在封闭系统中应用效果最好，例如数学、形式逻辑或某些游戏（如在电脑上玩的战争游戏，这种游戏的规则被清楚地进行了说明）。任何学过几何的人都知道"这是一个三角形，因此其内角之和是180度"的陈述是正确和真实的。在封闭系统中，只要推理正确，结论都是有效的。

然而，情报研究很少涉及封闭系统。因此，尽管结论可能是通过正确的推理过程得出的，但前提可能是错误的。例如，在核试验的例子中，Z国可能认为其活动被监控了，并出于战略原因展开了大规模欺骗活动。在

[1] 原注：英文词汇 deduction（演绎）来源于拉丁文 *deducere*，意思为"推论"。

此例中，“事件 1, ..., n 总是发生在 Z 国核试验之前”这个前提可能是错误的，因此，即使研究人员或分析人员根据前提进行了正确的推理，结论仍可能是错误的。此例对情报研究的启示是：人类活动基本上不属于特定前提必然会导出特定结论的封闭系统。所以，在情报研究中，必须慎用演绎法，要充分认识到其使用的限制和前提的潜在谬误。[1]

三、假说—演绎过程中的归纳和演绎

如前所述，在假说—演绎过程中，归纳的结果是建立可验证假说。假说是展示各种事实之间的关系，或者解释事实的理论或未被证明的假定，其目的是指导研究人员寻找证据。如果没有假说来限定寻找的范围，研究人员将无法确保所搜集的信息和研究目标是相关或贴切的。正如达尔文曾指出的，“如果观察结果有用的话，它一定会支持或反对某个观点（假说）”。而且，提出的假说越多，其中存在一个正确假说的概率就越大。这一点很重要，因为许多研究人员容易过早“锁定”某一个假说，而排除其他假说。研究人员可以提出无限多的假说，但最少不能少于三个。[2]

通常，在问题求解的情况下，假说是以三段论的形式提出的，即“如果……那么……”。第一个命题是大前提或概括，第二个命题（小前提）是目前的实际证据。在核试验的例子中，三段论如下：

- 如果事件 1, ..., n 发生，那么将要进行核装置测试（大前提）。
- 事件 1, ..., n 在 Z 国已经被报告（小前提）。
- 所以，Z 国即将进行核试验（结论）。

图 4.1 显示了归纳和演绎推理与假说—演绎过程（科学方法）的关系。

---

[1] 原注：演绎的规则在许多关于逻辑的教科书里都有论述。

[2] 原注：这三个假说包括原假说、零假说（基本上是对原假说的驳斥），以及与前两个假说完全不同的假说。

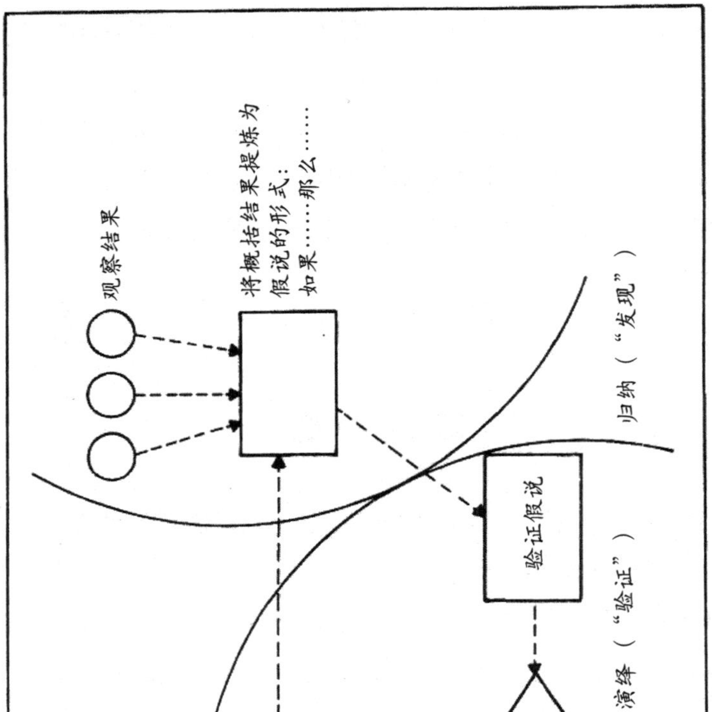

图4.1 归纳和演绎推理与假说—演绎法的关系

虽然归纳和演绎十分重要，但不应认为所有研究都必然同时进行归纳和演绎，而且研究人员也不需要在所有类型的情报研究中建立假说。某些类型的情报问题只需要添加新信息，在另一些情报问题中，研究人员任务的一部分可能是对假说进行验证，因此研究人员不用进行初始的概括。有时，一个研究项目只涉及归纳阶段，研究产品仅仅是未经验证的概括结果。但在自选情报研究中，假说—演绎过程是必须的，否则难以系统地开展研究。

四、小 结

- 归纳是在观察结果或其他证据的基础上进行概括的思维过程。归纳是建立可验证假说的过程。
- 演绎是从一般规则到具体事例的推理过程。在封闭系统（如数学和形式逻辑）中通过演绎法（并且推理过程是正确的）得出的结论一定是有效的，但遗憾的是，情报研究很少涉及封闭系统。
- 归纳与发现的过程有关，例如，发现一些现象之间先前未被发现的关系。演绎与试验和验证概括得出的结论有关。
- 并非所有研究都同时需要归纳和演绎。有时，一个研究项目（计划的或自选的）的产品可能是一组概括结果。另一些时候，一个研究项目的目的是验证一组概括结果。

[第五章]

规划研究项目：问题界定

每个开展良好的研究项目都包括四个主要阶段：问题界定、信息搜集、信息分析和报告撰写。正常的研究顺序是：首先将确定的需求转变成行动计划，然后执行这个行动计划，之后提交所计划的研究活动的结果。这些步骤的顺序并非不可违背，在情报研究的许多案例中，信息搜集可能会在问题被界定或变得清晰之前开始。很多时候，信息分析在信息搜集完成之前就已开始，而且报告撰写可能开始于全部信息分析完成之前。

本章讨论研究中问题界定阶段的步骤，该阶段是研究的关键阶段，因为在此阶段作出的决定会影响整个研究开展的方式。首先要说明的是，问题界定阶段不只包含选择研究题目。实际上，问题界定阶段是一个计划阶段，研究人员在此阶段必须综合考虑所有影响研究工作顺利完成的因素。

问题界定阶段有两个主要作用：(1) 界定问题，(2) 确定提出的解决方法是否可行。这两个作用是相互联系的。问题的性质决定着研究人员需要的资源，同时，可获得的资源、时间、资金和人力决定着问题能否得到有效解决。问题界定是反复选择、修订的过程。首先，根据需求、研究人员的能力和兴趣，确定问题的总体范围。其次，在这些大的问题范围里，选择一些试验性题目。然后，依次研究这些题目对情报界和研究人员的价值，再分析实际开展这项研究的可行性。

一、问题界定：研究项目的来源和起源

本步骤的目标是鉴定研究题目。本节将讨论问题界定和题目选择需要考虑的因素，包括问题领域的来源和起源、需求、描述研究项目范围所需作出的决定（例如确定职权范围和操作型定义）。

研究项目的来源如下：研究主管部门或机构的常规需求、个别部门或机构的具体的非常规需求，以及研究人员自己选择的问题领域。计划研究项目的例子有定期报告和更新，通常这种研究项目是有时间表的，不会给研究人员造成特别的困难。此外，计划研究项目还包括特别专题研究，这种研究时限短、问题重要、信息可能无法获得，因此可能会对研究人员造成困难。然而，计划研究项目的优点是，在分配的任务中已经详细地列出了职权范围。因此，研究人员不需要像开展自选研究那样必须考虑研究项目的范围、期限、难度、操作型定义、资金、需求或可行性。

自选研究项目可能来源于情报参谋在上次值班时发现的问题，或是某个困扰某机构的问题，而他即将到该机构任职。情报界面临的长期问题是潜在的研究题目的来源。这些问题领域可以被详细说明，并与各种机构的发言人讨论。可以想象的是，某个机构正在开展的研究项目可以被某个辅助项目支持，前提是这个辅助项目能及时完成。此外，自选研究题目还可能来源于动态情报报告，甚至情报搜集需求或情报关注点。

二、有需求吗？

自选研究项目如果针对的是关键需求，则很可能获得批准与资助。如果自选研究项目针对的是边缘的需求或潜在的未来需求，就需要研究人员说明研究成果在什么方面、以什么方式对情报界具有价值，至少应明确

地说明此项研究是否开展过。因此，研究人员需要查阅各种机构的保密文献，并进行初步的公开文献综览。通过初步的文献综览，研究人员也可以确定是否有充足的信息来开展研究。

仅仅因为某个研究过去开展过，并不意味着研究人员不能重复开展或进行相似的研究。某些类型主题的研究时效性很短，例如公众关于某问题的态度。公众态度会随着情况变化而改变，从而产生重新研究的需求。个人、军队和政治联盟的变化之快有时令人吃惊，已有的研究成果五年后可能就会过时，需要重新研究。

有些开展过的研究在以下情况可以重新被研究：过去的方法限制了信息搜集或分析，即当新技术出现时；军事或政治环境发生变化，研究人员可以获得过去被封锁的信息时；当新信息（如日记、回忆录或私人信件）被发现时；或以前绝密的官方文献被公开时。

对于实验而言，如果当时的研究人员没有考虑某些因素，或当时的技术无法实现精确观察和测量，就有重新研究的必要。此外，如果当时的研究人员被怀疑存有偏见，也有重新研究的必要。简而言之，以前做过的研究并不排除被重新研究的可能性。要判断过去的研究是否值得重新开展，标准是它能否为情报界提供有价值的新知识。

三、定义界限：范围

界定研究范围是研究人员在初始阶段必须完成的一项关键任务。研究人员通常会低估研究的工作量。例如，他可能意识不到，要获取一点有价值的信息，必须筛查大量的数据。此外，除非研究题目被细致地描述出来，否则研究人员会发现题目没有实际的边界。例如，研究俄罗斯布尔什维克革命的研究人员，可能会从罗曼诺夫王朝（Romanovs）的衰落一直向前追溯到罗马帝国的衰落、君士坦丁堡的崛起，甚至耶稣的诞生。

对历史和地理感兴趣的情报研究人员可能最初选择达达尼尔海峡的战

略意义作为研究题目，结果发现如果不界定人物和时间，此项研究至少需要包括希波战争（Greco-Persian wars）和公元 5 世纪后的所有冲突。这些背景知识也许有趣，但在当今几乎没什么价值。

历史研究涉及的人物数不胜数，如果对研究哪些人物不设定范围或指导准则的话，研究人员很快就会发现，由于题目界定得不清楚，他会对广泛和庞大的题目感到不知所措。

四、职权范围

界定研究范围包括设定职权范围。职权范围是对研究工作界限的描述。它是针对研究需要考虑的时间段、具体的地理位置、事件 / 活动或重要人物而设定的。

限定职权范围还包括：

- 陈述问题；
- 陈述关于主题的假定；
- 如果根据研究的性质必须验证假说的话，陈述假说；[1]
- 阐述操作型定义；
- 设定标题（可能使用许多与问题陈述相同的词语）；[2]
- 简要描述将要使用的方法（信息搜集或信息分析方法）；
- 如果信息来源是特别的，则描述信息来源；
- 注明完成日期（如果是自选研究项目，则注明预期日期）；

[1] 原注：不是所有研究都需要假说。例如，为了确定现状或了解当前情况进行的调查就不必包含假说。

[2] 原注：拟定标题是一门艺术。情报报告与供大众阅读的文学作品不同，不是（或不应该）靠刺激性的标题来吸引读者。如果报告的标题不能准确反映报告内容，就会引起很多问题。对具有误导性标题的文献进行编目、检索和检查会浪费很多时间和金钱。如果报告讨论的是重要人物，其标题应尽可能包含事件、地点、时间或人物。在界定问题的过程中，只要研究没有完成，就可以多次修改标题。

- 估计需要的工时（针对计划研究项目）；
- 注明所需的协作和所需的支持小组（例如图像判读员或翻译员）的额外帮助。

对于计划研究项目，或基本上重复以前研究的研究项目，提交预期最终产品的初步大纲也属于职权范围的一项。大纲可以清晰地呈现研究将要涉及的范围和报告的详细程度，供项目批准人审阅。然而，开展自选研究项目的研究人员可能不得不在项目有进展时，遇到意想不到的困难时，或使用不同的信息搜集或分析方式时，经常修改大纲。

大纲的性质还取决于参与研究的研究人员人数、经验和个人喜好。通常，多人参与的研究比独立完成的研究需要更具条理的大纲。而且，个人喜好也对大纲有影响。有些研究人员喜欢开始时制作一个非常详细的大纲，然后用具体的信息和过渡语句充实其内容。另一些研究人员喜欢开始时只列出非常简要的大纲，然后一边进行信息搜集、分析和阐释，一边完善和修改大纲。

当然，研究人员的经验也是影响大纲详细程度的因素之一。例如，有经验的新闻记者不需要准备详细的大纲，而只要先写最重要的事实，然后写次重要的事实，以此类推，就可以快速写出一篇报道。大纲是撰写报告的工具，而不是报告本身。因此，大纲准备的时间应该与整个研究工作的范围成正比。

五、操作型定义

在问题界定阶段，必须给出操作型定义。操作型定义是研究报告的作者用来解释概念的、可观察的（经验的）词语。换句话说，操作型定义就是表述概念的、可观察的词语，理想的情况是，可以测量或量化概念的词语。

例如，**“网络能力”**这个术语就需要操作型定义。关于网络能力需要问以下问题：网络能力与什么具体行动有关？表示网络能力的计量单位是什么？**“力量”“反抗”**和**“不稳定性”**也是常见的需要操作型定义的概念。[1]

操作型定义不需要统一（尽管这样有好处），但作者应清楚地阐释**“领导能力”“力量结构”“反抗”“战略意义”**等抽象词语在自己报告中的含义。详细说明操作型定义的过程也有助于描述研究范围，明确词语所指的对象，为得出并评估结论打下基础。

六、宽泛题目还是具体题目：确定可行性

要界定研究范围，研究人员需要决定准备研究宽泛而笼统的大题目，还是狭窄而具体的小题目。宽泛的题目存在一些问题：首先，通常宽泛的题目范围太大，用规定的经费、时间和人力无法完成；其次，宽泛的题目容易导致肤浅的研究，因而对需要实质信息的人没什么价值。为了从宽泛的题目领域中挖掘出有用的、实质性的信息，研究人员在开始研究前就应该很熟悉这个题目，但大多数研究人员都不具备这个条件。

然而，并不是绝对不考虑宽泛的题目。有时，对宽泛题目的研究也会产生很有用的信息，例如对以前研究的评估或关于特定题目的文献综述。通常，对宽泛题目的研究适合新领域或几乎不了解的领域。研究成果的预期用途也会决定研究人员选择宽泛的题目，还是细小而具体的题目。

在问题界定阶段，确定研究题目的大小可以判断其在现有研究条件下是否可行，包括时间、人力、可获得的资源（包括信息），以及研究人员的能力和兴趣。

---

[1] 原注：例如，描述不稳定性时，可以将事件与格特曼量表（Guttman Scale，心理学和社会学中用于量度心理态度和性质的量表）中的点进行对应。内阁官员辞职事件对应量表的一端，而政变和内战对应量表的另一端。

检验时间限制

任何类型的情报研究都有时间限制，即使进行学术研究的学者也有完成研究的时间限制。在作战环境中的情报研究人员通常反应时间更短，但这些研究项目通常是依靠团队工作，很多时候可以通过增加研究人员来弥补时间的不足。总之，研究时限是决定研究范围的重要因素，因此，制定符合实际的安排和规划是非常关键的。

缺乏经验的研究人员常常低估开展研究所需的时间。多数政府主办的研究都需要进行协调，有时需要和外国人接触，这就需要通过美国国务院（或国防部）提出协调申请，再传送给外国政府的各级机构。研究人员可能必须花费数小时对批准申请的每一级机构解释其协调申请的性质，并且要注重礼仪礼节且不能越级办理，所有这些都要耗费时间。

诚然，通过远程计算机终端获取档案信息可以节省时间，但无论如何可能还是需要亲自去档案馆查阅。此外，获得差旅经费、提交证明、与访问机构建立联系，以及进行礼节性拜访都要耗费宝贵的时间。尤其令研究人员沮丧的是，根据线索无法获得实质性信息，或本该存有所需信息的档案馆无此信息。每个研究项目都会遇到死胡同。这些情况使人恼怒，代价昂贵，并且耗费时间，但必须提前想到这些问题。

研究人员的能力和兴趣

研究人员在选择研究题目时不应忽略自己的知识、技能和兴趣。例如，建议不了解研究设计或基本统计的研究人员不要选择需要在实验室里做实验的项目。需要大量使用信息处理设备的研究人员要有效地使用这些设备，具备一些技能和知识。诚然，研究是个学习的过程，但如果没有最基本的背景知识或技能，研究人员想取得一点点成绩都很难。在学术研究中，研究人员可能不得不花时间来掌握主题领域所需要的技能或背景知识，从而有效地开展研究；但情报研究有时间限制，这种做法在实际工作中不太可行。

由于个性、个人喜好等原因，研究人员可能会不喜欢某些类型或主题的研究。如钻研冗长乏味、单调而无趣的文章是最没有意义的。研究报告总是反映研究人员的爱好和兴趣。所以，选择感兴趣的题目是保证研究报告质量的一个方法。

可行性：无所不包的问题

在研究的整个初始计划阶段，经常要问的一个问题是：这项研究可行吗？界定研究范围、保证资金供应和规划充足的研究周期可以提高完成研究的可能性，但并不能保证研究成功。

自选研究项目获得批准的重要标准是项目能够顺利完成。如果自选研究项目是政府基金资助的项目，情报管理者（和导师）会要求研究人员提供合理的论证，保证这项研究值得投入资金。即使一个项目没有投入资金，研究人员也投入了大量的时间和精力。研究生们都听说过以下可怕的故事：学位被推迟多年，直到研究中的障碍被解决并完成研究才授予。延期会给研究人员增加负担，并使情报界没有收获。

除了由于题目太大，无法依靠许可的时间和可用的资源完成外，导致项目不可行的最主要原因是信息不存在或无法获得。所以，研究人员应特别关注主要的和替代的信息搜集方法。与特定题目相关的信息可能在任何档案馆里都没有，或者格式不适合利用。这些情况屡见不鲜，所以信息搜集通常占了研究工作的一大部分。但信息无法获得，则是另一个问题。

信息无法获得可能是由于以下原因：没有能探测某种放射物的传感器，或由于技术水平的局限，达不到足够的分辨率来使探测出的放射物有用。但这些是一个更大的问题的次要情况，这个问题是无法接近研究对象。研究对象可能是防御工事、生产设施或武器系统，还可能是敌方人口样本或在首都的政党骨干。在敏感的政治环境中，研究人员甚至无法接触本国的支持者，更不用说从“难以接触”的群体中直接获取信息了。要获得关于这些“难以接触”人群的信息很难，本身就值得研究。[1]

在另一些情况下，信息是可获得的，但搜集者必须冒很大风险。这就需要判断该信息是否值得冒此风险去获得。对自选研究项目来说，如果研究人员或设备需要承担很大风险，获得批准的可能性则很小。原因是，如果研究题目真的很重要，那早已作为计划研究项目下达了。研究人员还需要考虑到以下情况：即使他可以直接获得信息，但政治或军事情况可能突然变化，信息将变得无法获得。因此，提高项目可行性的一个办法是，预先计划一系列的替代信息搜集方法。理想的情况是，信息搜集方法应包括针对（初期的）可以直接观察的信息和针对那些只能作出推断的信息。虽然推断不如直接的、第一手的观察结果理想，但在情报研究中，在无法获取事实的时候根据推断作决定并不少见。

七、问题界定：计划的第一步而非最后一步

显然，界定研究问题不只是选择题目，还包括考虑整个研究的各个步骤。实际上，界定问题的过程本身就是一个小型研究。决定研究是否相关和可行的因素是相互联系的，自选研究项目中任何一个因素对其他因素可能造成的影响之大，会导致整个项目不可行。

问题界定是制订研究计划的第一阶段，但不会随着下一阶段开始而结束。在整个研究过程中，初始问题会被继续完善和详细描述。在研究过程中，研究人员常会发现包含在原始大问题里的问题比原始题目更重要。这种提炼过程在自选研究项目中是很常见的（且理想的）。研究题目越具体，研究人员越容易完成研究。问题界定阶段的步骤如图 5.1 所示。

---

[1] 原注：例如，陆军部资助的一项研究，目的是评估针对难以接触人群的心理战效果。

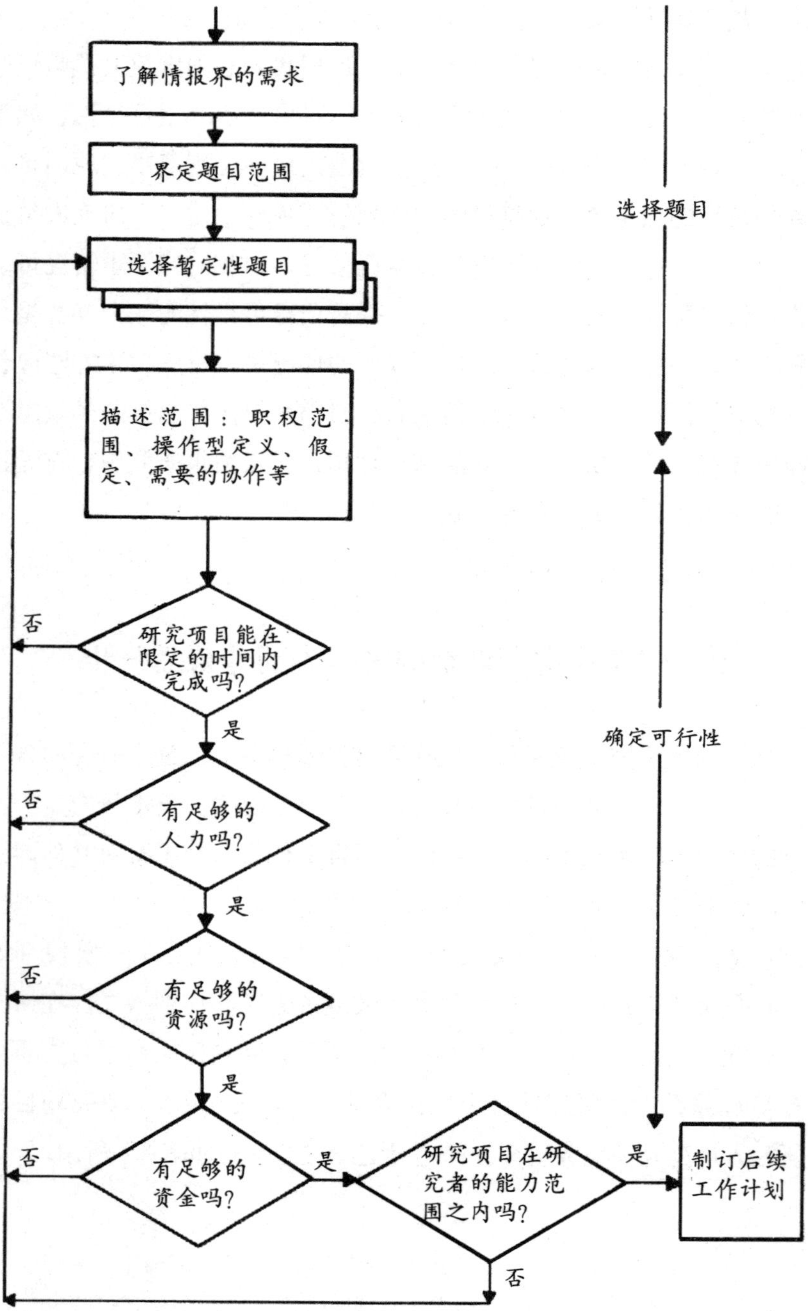

图5.1　问题界定阶段的步骤

八、小 结

- 多数研究包括四个阶段：问题界定、信息搜集、信息分析和报告撰写。做好规划在各阶段都很重要。
- 研究项目的问题界定阶段有两个主要作用：界定问题，确定解决问题的方法的可行性。
- 界定问题包括考虑研究需求、限定研究范围、确定职权范围和阐释操作型定义。
- 在自选研究项目中，研究人员可能会在项目的问题界定、信息搜集和分析阶段不断完善其研究题目。
- 选择研究题目的根本标准是需求，决定是否和怎样开展研究的根本标准是可行性。

[第六章]

规划研究项目：查找信息

为了确定研究中信息搜集工作的性质和范围，研究人员必须知道有什么信息，以及在哪里、用什么方法能获得这些信息。本章将讨论不同类型信息的特点和获得信息的地方。

一、直接信息源和间接信息源

直接信息源是**直接**观察者、参与者或记录装置。例如，军事行动的参与者是直接信息源，他所做的与军事行动有关的记述（如行动后的报告）属于直接信息源文件。观看训练演习的武官和直接进行观察的特工或密探也是直接信息源。各种传感器（电子情报接收器、其他接收器、雷达、照相机和扫描器）的输出信息是直接信息源的信息。

间接信息源是在直接信息源的基础上制作的文件。因此，如果分析人员阅读了从特工或密探访谈中得出的评估，并在此基础上撰写了报告，他的报告即属于间接信息源。许多研究人员认为直接信息源或直接信息源文件一定比间接信息源或间接信息源文件更可靠，这种想法是没有根据的。评估任何信息时，信息提供者的能力和动机必须同时考虑在内。在有些情况下，观察者没有能力准确报告观察结果。例如，未受训练的观察者可能会把装甲车报告成坦克，或把连级部队报告成营。

有时，人们只观察他们想看到的东西。例如，在二战中，一架敌方战斗机攻击美军轰炸机编队时被击落，之后几乎每个编队中的炮手都认为自己击落了这架敌机。二战中，交战双方的情报机构对敌机数量和杀伤量都曾进行夸大的报告。此外，当利用直接信息源文件时，必须分析其作者的动机。因为如果作者知道其个人记录会被别人使用，也许会故意美化自己，而即使最坦率的回忆录也会在一定程度上为作者的利益服务。如果研究人员采用战俘的陈述，必须格外注意战俘的动机。战俘可能会撒谎或夸大事实，从而讨好逮捕者、为自己的行为找理由，或有意欺骗。例如，在朝鲜战争期间，中国军队的军人故意被俘，从而组织联合国战俘营的其他战俘进行反抗。而在越南战争期间，北越军队的战俘常会报告说一些地区的民众对美国心理战宣传单的反应良好，但实际上根本没有在他们那里投放宣传单。战俘很少承认投降是由于害怕，而是以意识形态原因或战斗物资匮乏作为投降的借口。

处于压力下的人常常不能正确地观察或报告（也许描述他们自己的情绪是个例外），而且回忆录有时无法提供关键细节。马歇尔将军发现参战者对战争的描述是很不可靠的，只有把很多参战者的描述综合起来，才能构成对战争实际情况的有效描述。[1]

而且，文化特质可能会削弱直接信息源的有效性。例如，在东方，回答者常常出于礼貌，只告诉研究人员他认为其想听的内容。因此，研究人员有时必须设计一些策略来确认对同一问题的多个回答中哪个是可信的。总之，直接信息源和直接信息源文件不一定是最可靠的信息来源。

[1] 原注：《最长的一天》《最后一役》和《遥远的桥》（纽约：西蒙与舒斯特公司）的作者、已故的科尼利厄斯·瑞恩，使用了与马歇尔将军相同的方法，即关于每次战役都采访了数百名参战者，从而准确描绘了诺曼底战役、柏林战役和阿纳姆战役。

二、有意和无意的事实传播物

研究信息除了可以根据来源分类，还可根据传播事实的媒介分类。一类事实传播物是有意制作的，另一类传播物是无意中形成的。根据巴曾和格拉夫的论述，**有意的事实传播物**包括所有的记录（语言和非语言的）；**无意的事实传播物**包括各种遗留下来的东西，例如遗迹、语言、风俗、工具和文物等。[1] 有趣的是，这种关于历史事实传播物的列举也适用于情报（如表 6.1 所示）。

表6.1 事先计划和未事先计划的事实传播物

历史史料事实传播物（巴曾和格拉夫）	**情报事实传播物**
记录 （有意的事实传播物）	**记录** （有意的事实传播物）
1. 编年史 、年鉴、传记、宗谱	1. 官方的国家历史、传记、宗谱（例如金日成、胡志明和毛泽东的官方传记；斯大林传记修订版）
2. 回忆录、日记	2. 赫鲁晓夫的回忆录、潘可夫斯基文集、缴获的俘虏的日记、纪实小说（例如《古拉格群岛》）
3. 某些铭文	3. 军事装备上的厂家标志、徽章、印刷出来的口号

[1] 原注：Jacques Barzun and Henry F. Graff, *The Modern Researcher*, 1st Harbinger Books edition (New York: Harcourt, Brace and World, 1962), pp. 147–148。奇怪的是，巴曾和格拉夫将信件、公开文件和商业记录划分为“未事先计划的事实传播物”。然而，当初制作上述这些“遗物”的唯一目的似乎就是记录当时发生的事情，以便之后使用。

（续表）

口头传播物	口头传播物
4. 民谣、轶事、故事、传奇	4. 爱国歌曲、爱国口号、鼓励和欢呼的话语、格言
5. 留声机和磁带录音	5. 公开活动或会议的录音、领导人演讲、记者招待会录音
艺术作品	**艺术作品**
6. 肖像、有关历史的绘画、景观雕塑、钱币和徽章	6. 国家授权的戏剧、舞蹈、音乐作品；绘画和雕像、国家圣地、伟人的陵墓（例如列宁墓）
7. 某些类型的电影、电视节目录影等	7. 国家制作的广播和电视剧作品、宣传影片等
遗物 （未事先计划的事实传播物）	**遗物** （未事先计划的事实传播物）*
8. 人类遗迹、信件、文学作品、公开文件、商业记录	8. 截获的信件和其他通信；缴获的计划、命令和报告；买卖合同、船务文件、生产数据、预算报告、组织图
9. 语言、风俗和制度	9. 创造的新词（专业词汇）、谨慎而有选择性的外交语言、对以前发言人著作的删改痕迹
10. 工具和其他过去的器物	10. 缴获的武器、军装和装备
* 未事先计划的事实传播物还应加上辐射和放射，例如光、电磁辐射、热（红外的）、粒子、声波和地震波	

情报事实传播物的列举清楚地表明，如果研究人员只从纸质文件中获取信息，就会忽略其他有潜在价值的信息种类。诚然，非文件形式信息必须转化为文件形式才可以被利用，并且需要对信息进行格式编排和结构化处理。但即使使用大量的纸质信息时，也应对信息进行格式编排，从而便于制表、判读和分析。

三、信息源和潜在的偏差

研究人员选择任何一类信息时，都应考虑到偏差的影响。偏差可能有两种：信息本身的偏差和研究人员造成的偏差。例如，有意的事实传播物很可能包含作者或制作者造成的偏差。朝鲜前领导人金日成（Kim Il-sung）的传记有意将他的生日弄混，暗示他和著名英雄金日成（Kim Il-sung）是一个人。类似的，韩国总统朴正熙（Park Chung-hee）的传记中，关于他在日本陆军部参加的军事训练只有粗略的叙述。即使以“客观”见称的文件也可能有偏差，例如，在二战中，呈给上级的日军战斗报告常常不切实际地宣称取得了胜利，而日军最高统帅部成了日军宣传的受害者。[1]

但研究人员通常没有考虑到自己造成的偏差。如前所述，没有经验的研究人员对外国国家广播系统发布的声明一概不信，认为“纯属宣传”。例如，中国大陆和朝鲜的广播会暗示工业生产中存在的问题和内部异见。在中国，提到这些通常是军、政领导机构发生重大变化的预兆。[2]

研究人员造成偏差的主要原因之一是，选择和分析信息的方式不当。例如，只使用单一的信息源，没有利用其他具备潜在价值的相关信息；选择和搜集信息的时候不系统；或使用不适合该信息的分析方法。

---

[1] 原注：根据莫里森的记载，日军最高统帅部海军部对日军飞行员关于美军战损的报告照单全收。在进攻莱特岛之前，海军发布的公告称，美国第三舰队损失了 11 艘航母、2 艘战列舰、3 艘巡洋舰和 1 艘驱逐舰；8 艘航母、2 艘战列舰、4 艘巡洋舰和 13 艘无法辨认的舰船受损和起火。虽然日本海军军官在战后称他们并不相信这些报告，但日军最高统帅部陆军部的确相信了这些报告，并且相应地修改了在菲律宾的防御方案。参见：Samuel Eliot Morison, *History of United States Naval Operations in World War II,* vol. 12, *Leyte, June 1944–January 1945*（Boston: Little, Brown and Company, 1961）, pp. 108–109。

[2] 原注：有趣的是，朝鲜民主主义人民共和国常驻观察办公室信息处在《纽约时报》（1975 年 3 月 16 日）上刊登的长达两页的付费宣传文章称，在乌托邦式的北朝鲜社会中存在黑市和“农民市场”。

例如，笔者发现，宣传分析人员对朝鲜的宣传进行统计分析时，关于该统计数据的初始假定还未完成；分析人员根据不系统搜集的信息计算频率、平均值和标准差。要进行统计分析，数据必须来自同一来源，在特定时间段内次数相同。然而，要对数据进行有意义的统计分析，即使“随机”抽样也必须系统地进行。

研究人员对偏差有所了解，可以采取适当的预防措施，至少可以对所搜集的信息持一定的怀疑态度。研究人员自身的偏差比较难预防，尤其是文化偏差。文化偏差不仅影响研究人员的感受，也会影响研究人员对现实的认知。[1] 减少偏差影响的一个可能的方法是使用多种信息源，并尽量严格、系统地使用。

四、研究信息的来源：人、物品、放射物和记录

研究信息的来源可能是人、物品、放射物和记录。如前所述，来源可能是直接的或间接的。不论信息源的性质是什么，任何形式的任何信息最终都必须被转换为符号形式，一般是文字或数字。

人

研究信息的提供者可能是该领域的专家或“信息专家”。研究领域的专家包括不同政府机构、不同部门的分析人员、记者、科学家和工程师（美国政府雇员或合同工作者）、学者、移居者、背叛者、目击证人或参与者（参与某一事件、运动、组织或行动）。他们可以为研究人员提供关

[1] 原注：本杰明·李·沃尔夫的“习惯思维和行为与语言的关系”是这方面的杰出作品。这篇论文讨论了语言——文化的深层体现——对感知的影响。这篇论文收录于莱斯利·斯皮尔主编的《语言、文化和个性：纪念爱德华·萨皮尔的文集》（美国威斯康星州默纳沙：萨皮尔纪念基金会，1941）中。

于特定问题的有用答案，并指出其他信息源。这些其他信息源可能是其他信息提供者或文献资源。

有时，信息提供者也成了研究对象，例如，约翰·巴伦（John Barron）写作《克格勃：苏联秘密特工的秘密工作》[1] 时采访的前克格勃特工。这些克格勃特工既是关于克格勃组织和工作的直接信息源，又是这本书的主要研究对象。

在某些主题领域有专门研究的分析人员、学者或记者对自己领域的文献非常熟悉，可以为研究人员指出他所需要的最好或最新的相关文献，从而节省数小时的检索时间。当时间紧迫时，这种初步的文献筛选很有价值。

但在提高研究效率方面，信息专家更胜一筹。信息专家非常熟悉各种档案库的资料，并且在信息检索技巧方面训练有素。信息专家是从事文献获取、编目和检索方面的人员（例如传统的图书管理员），以及使用自动化系统检索信息的人员。他们可以为研究人员指出可能的信息源，而同样重要的是，帮助研究人员设计有效的检索策略。例如，图书管理员可以指出关于不同主题的索引，研究人员使用这些索引可以节省数小时查阅卡片目录的时间；他还可以指出特殊的文献库，例如某些种类的保密文献库，或与专题相关的私人或公共文献库，节省研究人员的时间。信息处理专家可以帮助研究人员提出适合计算机处理的查询申请，从而使答案能满足研究人员的特定需求。[2]

助理研究人员也不可被忽视。诚然，学生可能没有研究助手，但主要司令部和大型情报机构都有受过良好训练的文献搜集人员，可以从各个图书馆和资料档案库获取信息。

---

[1] 原注：John Barron, *KGB: The Secret Work of Soviet Secret Agents* (New York:Reader's Digest Press, 1974).

[2] 原注：曾经有一个情报分析人员在计算机系统中查询关于地下结构的信息。但不幸的是，这位分析人员在输入查询词条时没有清晰地设定“结构”的含义，计算机于是将二战后所有与地下组织相关的信息都作为答案提供出来，包括法国地下抵抗组织、游击战、非对称战争等。

物品

物品作为研究对象的概率大于作为研究信息源的概率。然而，物品的特征可以显示其来源和预期的用途，在这个意义上，物品即使不是事实传播物，也至少是推断的来源。例如，一件个人装备成分的变化可能表示缺少某些材料；质量或设计难度的变化可能表示缺少培训合格的生产人员；较新型号中某种设备的缺少可能表示该设备的早期型号存在问题；而且，机器的冲压痕迹可以显示某物品的生产国。

在情报研究中，物品包括武器、武器平台，以及构形、导航、后勤、医疗、运输和人员等的装备。除非情报研究人员会从技术上“利用”这些装备，否则就需要寻求他人的帮助。到哪里去找合适的咨询人员，取决于装备的主要用途。军队各单位的装备专家也可以提供咨询帮助。

很难清楚地说明去哪里获得帮助和获得帮助的种类，例如，防空武器上的火控雷达可能被认为是空军的领域，而战场监视雷达可能是陆军电子专家的主要兴趣。此外，一个技术情报机构只与装备的某些方面有关。与相关机构协调时必须按照既定的各级机关的顺序。国防情报学院（Defense Intelligence School）的机构联络人员和服务人员可以提供与各个机构协调联系方面的指导。关于协调访问的信息可以直接从受访机构或组织中获得。

放射物

放射物指由天然或人工物品发出或放射的可探测的现象。几乎所有的战争装置都会放射一定的放射物，因此对放射物进行探测和分类对于情报界很重要。放射物基本上不存在偏差，但人们尝试为特定的辐射物或放射物赋予意义时会产生偏差。

放射物是无意的、未事先计划的事实传播物，而且敌人要付出极大的努力才能减少或消除放射物。例如，在二战早期，德国海军的潜艇舰队损失严重，他们认为这是由于英国机载雷达探测到了德军潜艇接收机的辐射波，因此减少了接收机的使用。但伤亡人数仍在上升，其实是因为英军研发出一种微波雷达，即使继续使用德军的接收机也无法探测出其信号。由于德军无法获知英军雷达的工作频率和输出功率，因此被迫研究对策，使潜艇保持潜在水下，这促进了水下通气管的研发。水下通气管使潜艇不需要升到水面就可以充电。[1]

与放射物有关的信息是从各种传感器的输出信息中获得的，输出信息的性质由传感器类型决定。例如，输出信息可能是图像形式（照片、红外或多光谱图像）或磁带形式，要利用这些信息需要高超的专业技术。如果非专业的分析或研究人员要利用这些信息，它们必须被转换成别的形式，通常是文字或图示形式。[2] 对放射物搜集和分析属于情报界的绝密活动，获得这些信息需要特别许可。

记录

记录包括符号和非符号形式。符号形式的记录包括所有文字报告（书面和口头的，例如访谈录音带）和数据表格。非符号形式的记录包括照片（无注解的）和通常记录在磁带上的、其他传感器的输出信息。未转换成某种符号形式的非符号形式的记录属于“原始的”、未经评估的信息。甚至情报研究人员正在处理的许多符号记录也属于原始信息，例如未经分析的情报报告。

要利用非符号形式的原始信息需要经过高超的专业技术训练，因此不同的组织被创建以利用这些类型的信息。

除非研究人员在原始非符号信息使用方面受过适当训练并具有技能，否则不建议他尝试使用这些信息。原始符号信息则另当别论，研究人员只

---

[1] 原注：Jerome A. O'Connell, "Radar and the U-Boat," *United States Naval Institute Proceedings 89* (September 1963): pp. 53–65。这个案例也指出了错误判断带来的危害，德国电子专家错误地认为，德国没有能力研发某些频段的雷达，因此盟军也不可能研发出来。

[2] 原注：红外（和其他）图像可以被转换成适合特定分析的数字信息，然后根据其他分析的需要转回图像形式。

要具备基本研究技能，即确定信息源可靠性和内容似真性的能力，就可以利用这些信息。大多数研究人员主要使用经过分析的符号信息，这些信息保存在图书馆、档案馆、资料库和数据库里。

五、小　结

- 计划研究项目时，了解现实和潜在的信息源是必须的。信息源的可得性决定着后续信息搜集工作的性质和范围。
- 信息源被分为直接信息源和间接信息源。直接信息源包括直接观察者、参与者、记录事件或活动的记录装置；间接信息源是根据直接信息源制作的文件。直接信息源不一定比间接信息源可靠，因为有些直接观察者或参与者的观察能力、记录能力不强，或者故意只报告对他们最有利的情况。
- 信息或情报可以根据事实传播媒介是有意的或是无意的来分类。有意的事实传播物包括日记、编年史和记录；无意的事实传播物包括风俗、工具、遗迹和文物。
- 在选择信息源的时候需要考虑可能存在的偏差。偏差可能是信息本身的，也可能是研究人员因疏忽造成的。
- 研究信息的来源包括人、物品、放射物和记录。
- 研究人员在计划（或问题界定）阶段的任务，包括确定所需信息的类型、最合适的信息提供者或信息源，以及信息源的位置。
- 图书管理员可以提供非常有效的帮助来查找档案信息。他们不仅可以实际上帮研究人员获得所需的参考资料，还可以协助研究人员提出更精确的查询申请。

[第七章]

分析的基础：一些基本概念

1935 年 3 月 20 日夜晚，生活在伦敦的德国记者贝特霍尔德 · 雅各布（Berthold Jacob）在瑞士巴塞尔的一家餐厅被绑架，随后被带到柏林的盖世太保总部。他被指控的罪行是：出版了一部关于德国总参谋部的书，里面详细到甚至包括了新建立的装甲师的步枪排。

怎样获得这些信息的？谁是消息源？安全漏洞在哪里？审问者向雅各布提出了以上问题。令审问者震惊（并不情愿地佩服）的是，答案是德国的出版物。雅各布在长年累月的跟踪研究中，发现、记录、汇编了德国军事期刊上的新闻、讣告、结婚声明和文章。没有泄密的情况，也没有什么特工或告密者，仅仅依靠的是任何人都能看到的“公开”资料和“善于分析的头脑”。

在研究项目的分析阶段之前搜集的信息在分析阶段会被调用。分析阶段是任何研究的关键阶段，此时，假定、假说和猜想被验证，而且信息被赋予解释、意义和含义。本章讨论所有类型的分析过程的基本概念，包括情报分析人员进行的分析和情报研究涉及的广义分析，讨论内容包括验证规则、因果和关联关系，确立因果关系的原则（或准则），以及有时有些模糊不清的定量与定性分析方法之间的区别。

一、分　析

“分析”被定义为：将问题分解成多个部分，并对这些部分分别进行研究的过程；或“分析人员为了将信息整合……形成书面报告而处理信息”的思维过程；或“对相关信息仔细研究，确定它们之间相互证明、补充或矛盾的程度，从而建立公认的事实和关系”。[1]

“分析”这个词在情报生产和研究中的含义略有不同，但基本上都有以下含义：将问题的较大部分或要素分解为较小部分，对搜集到的信息进行思维（有时是物理）上的处理，以及在此基础上概括该问题或得出结论。在情报专业术语中，“分析”通常涵盖了针对所搜集的信息展开的所有活动和工作，包括建立假说、确定信息的相关性和有效性，以及对信息进行校验和分类。而在传统的研究术语中，上述有些活动是在研究的其他阶段开展的。例如，建立假说属于问题界定阶段，而确定信息的相关性则属于信息搜集阶段。有趣的是，英语“分析”（analysis）这个词源于两个希腊语词汇 *ana*（意为“分开”）和 *lyein*（意为“解开”），因此“分解”信息是分析工作最恰当的解释。

二、归纳和演绎：简要回顾

如前所述，演绎推理是根据前提得出结论的行为，例如数学证明过程就是演绎推理过程。当演绎应用于数学等封闭系统时，演绎是“安全、毫无异议和确定的”。演绎有时被称为**“演示性”**推理，因为它被用来演示特定前提下结论的正确性和有效性。

---

[1] 原注：Armed Forces Staff College, “Intelligence for Joint Forces” (Norfolk, Virginia:Armed Forces Staff College, 1966).

与演绎相反的是归纳。前面讲过，归纳是根据一个或多个观察结果得出概括性结论的过程。归纳与演绎不同，演绎只是明确已知的知识，归纳却可以提供新知识。而且，归纳或**“合情推理”**总是在演绎之前，分析和研究人员需要更频繁地进行归纳。归纳包含发现和验证，而发现活动没有总体规则或准则可循。例如，波利亚（Polya）曾说过："发现的第一准则是有头脑和运气好，第二准则是端坐着等待，直到想出好主意。"这些准则对于在时间限制下工作的分析或研究人员没什么帮助。

但是，关于归纳过程的第二步——验证，有几条准则对研究人员或有帮助。归纳不能得出与演绎法所演示的、一样严格的“真理”，但是，归纳可以得出高度可信的结论，这个结论经过一段时间可以被验证。由于验证是分析的重要一环，下文将讨论验证的一般“准则”，它们同等地适用于定性信息和定量信息，也适用于分析或研究人员为得出结论而进行的各种类型的分析。

三、验证的七个准则

归纳过程的产品称为概括。在得出概括（猜测、猜想、假说）后，研究人员的工作就从发现变为验证了。以下列举了判断概括**可信性**的七个准则。注意：这些准则只能判定概括可能是正确的，而无法判定它一定是正确的。以下准则是对波利亚合情推理准则（Polya's rules for plausible reasoning）[1] 的阐释。

---

[1] 原注：George Polya, *Mathematics and Plausible Reasoning*, vol. 2, *Patterns of Plausible Inference* (Princeton, NJ: Princeton University Press, 1954), p. v。斯坦福大学数学家乔治·波利亚可能是当代“合情推理”最主要的提倡者。在五部独立但相关的书籍中，波利亚对解决问题的科学（或艺术）的方法（也称启发法）进行了提炼。他指出，不可能有一套固定的、放之四海而皆准的解决问题准则。然而，他提出了一套很有效的、针对他自己研究领域——数学的发现和验证准则。波利亚用来演示其“准则”的大部分例子都是数学方面的。但不难想象的是，他提出的准则在其他领域（例如情报宣传分析或法律）同样适用。

1. 当概括结果被验证后，其更具可信性。例如，分析人员根据前期观察结果和信息进行概括：某国研发的新型导弹将进入使用阶段。如果该国导弹试验设施照片显示，导弹推进系统试验场所的混凝土护墙上有焦痕，则此概括的可信度就得到增强。显然，焦痕不能证明导弹的推进系统工作良好，但与试验成功并不矛盾。

2. 当使用多种手段验证概括都证明其正确时，概括的可信度更高。在上例中，如果该国宣布，某段时间内导弹试验场附近的空域禁止进入，研究人员或分析人员开始作出的概括——导弹即将进入使用阶段的可信度就会提高。如果观察到试验场范围内活动增多，或通信网络上用于试验目的的通信增多，会更进一步证明概括的可信度。

3. 当支持概括的可观察的证据彼此有一定接近性时，概括的可信度更高。接近性包括时间或地理位置上的接近。在上例中，试验场增加的活动和禁止进入试验场附近空域的命令，在时间和地理位置上都存在着接近性。

4. 支持概括的例证越多，其可信度越高。从不同角度支持概括的新证据每增加一个，概括的权威性（可信度）就更高一些。

5. 如果与概括不一致或相反的猜想被证伪，概括的可信度就增加。在以上导弹试验的例子中，混凝土护墙上的焦痕可能是意外爆炸产生的。但是，如果试验场附近的试验设施没有任何受损迹象，这个假说就不成立，而原猜想的可信度就更高。

6. 如果概括与另一个非常可信的概括一致，其可信度更高。在上例中，如果该国总是效仿另一国试验和研发导弹的程序来试验和研发导弹，而且可获得更多的被效仿国的相关信息，研究人员或分析人员就会更有信心去预测导弹研发周期接下来的事件。这种推理过程与类比相似，虽然类比在逻辑推理中是一种不可靠的推理方法，但在情报研究和分析中却非常实用和普遍。

几年前，一些研究人员（HRB-Singer researchers）和波利亚曾讨论过试探法与情报分析的关系。波利亚建议针对每个领域提出相应的试探法。下文论述的验证规则就是在波利亚准则的基础上，针对情报分析提出的。波利亚的贡献不言自明。

7. 如果观察结果支持两个不同的概括，更为简单的概括更有可能是正确的。在上例中，另一种假说是，导弹的推进系统在试验中出了故障，但为了制造导弹研发正按计划进行的假象，该国有意伪造了试验成功的迹象。这种情况不是不可能，但更简单的解释（试验成功）根据直觉更可信。

四、因果关系和关联关系

情报研究和分析的根本关注点是起因[1]，因为通过起因可以预测或预知结果和影响。在某些类型的情报分析中，起因很容易确定，而且它们的影响能被准确地预测出来。显然，科技情报分析属于以上情况。例如，由于导弹射程与导弹燃尽时速度成正比，如果已知一种新型导弹燃尽时的速度，就可以推测该导弹的射程。

在较“软”类型的情报研究中，分析人员要判断因果关系就比较困难了。他们不仅无法预测某些变量的影响，甚至对哪些因素存在因果关系，哪些因素发挥作用这样的问题都难以达成共识。正是因为在情报研究中无法严格地确定起因，情报研究才被称为（并且可能永远被称为）一门艺术或技艺，而不是科学。当然，情报研究中也并非绝对找不出因果关系。在很多案例中，可以说某个事件、情况或现象引起了另一个现象，这种因果关系至少是合理的；即使是并不确定的，或可以说特定的事件引起了某种反应或回应。由于因果关系在情报研究和分析中十分普遍，用来确定起因的程序将会被关注。

可能确定因果关系最普遍的方法是首先考虑那些相互关联的事件或情况。当两个或两个以上现象由于相互影响而出现或发生变化，可以说这些现象之间存在联系。显然，两个现象同时出现或发生变化不表示它们之间存在因果关系。例如，人的身高和体重可能是正相关的，但显然两者之间

[1] 原注：显然，确定起因也是许多基础科学研究的关键，尤其是医学研究。

没有明确的因果关系，因为有些人个子高却体重轻，而另一些人个子矮却体重重。不过，确定关联关系通常是确定起因的第一步，而确认的关联关系可以使人们从已知现象的特点推导出未知（但相关）现象的特点。

关联关系在动态情报分析和推测/预测类情报分析中很常用。例如，“指标”（indicator）就是和某些事件相关（或关联）的迹象或表现。某些事件或情况被称为“先兆”（precursor），因为它们和随后发生的其他事件相关联。某些先兆不只是相关因素，还可能是起因。当两个事件、情况或特点同时向着一个方向变化时（例如重量和体积同时增加），可以说存在正相关关系。当两个事件向相反的方向变化时（例如体积增加而速度降低），可以说存在负相关。当根据已知的相关特点推测未知特点时，存在哪种关联关系并不重要。重要的是需要了解：(1) 两个现象是直接相关的；(2) 它们之间相关的方式是正相关还是负相关。

可靠性是指连续测量同一现象得出的关联结果都一样（负相关或正相关）的程度。[1] 也许这是显而易见的，但笔者发现，很多研究人员在测量后得出负相关时表现出沮丧。其实，在根据已知情况预测或推断未知情况方面，负相关和正相关同样有用。

作为分析的辅助手段，确定或找出相关联的事件、活动、情况或其他现象有助于得出其他推断，而且通常可预测性很高。确定关联关系是确定起因的基础，这一点将在下文中论述。

五、确定因果关系的原则

确定因果关系是准确预测的关键。正如斯坦利·杰文斯（W. Stanley Jevons）所说，“起因是事件发生必备或永恒的前提，所以原因存在，结果

[1] 原注：当然，还需要考虑关联的紧密性（如两个现象关联的紧密性和程度）。关联的紧密性在一定程度上与样本数量有关。遗憾的是，在情报研究和分析中，样本数量一般都很小。

也会存在，或很快就会产生。如果知道事件的起因，就能知道事件的必然结果。”[1] 虽然研究人员凭直觉知道某些因素“造成”或引起了某种结果，但在分析过程中的某个时候，他必须用更有力、更“公开”的证据来代替直觉。简而言之，研究人员必须验证他的假设。实用主义哲学家约翰·斯图尔特·穆勒（John Stuart Mill）提出了一套验证因果关系的原则，被称为“穆勒法则”（Mill’s Canons）。这些原则是对科学方法的概括（大多数实验设计或多或少都用到了这些原则）。尽管也有人（例如杰文斯）批评这些原则，但在情报研究方面它们是最适用的。以下是对“穆勒法则”的阐释：

1．如果某现象的两个或两个以上案例只有一个共同特点或特征，所有案例唯一共有的特点或特征就是此现象的原因（或结果）。此原则在情报研究或分析中的应用实例是，苏联在不同的试验场发射新型导弹前都有一位苏联导弹专家出现。此原则如图 7.1 所示。

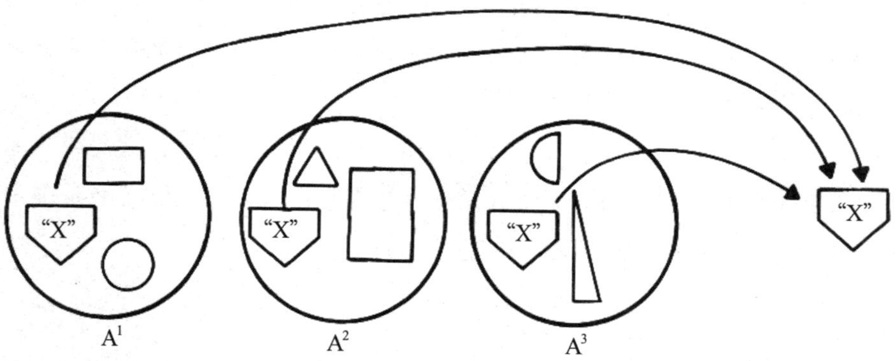

A1,2,3 ——同一种现象（例如导弹试射）的不同案例

“X” ——该现象发生时的所有案例所共有的唯一特点，也是该现象的原因、原因的重要部分或结果

图7.1 穆勒法则第一条

[1] 原注：W. Stanley Jevons, *The Principles of Science: A Treatise on Logic and Scientific Method* (New York: Dover Publications, 1958), p. 222.

2．如果某现象发生的案例与这个现象未发生的案例除了一个特点外，其他所有特点都相同，而且这个不同的特点只有当此现象发生时才出现，那么这个特点（特征或情况）就是此现象的原因、原因的重要部分或结果。例如，在导弹专家与导弹试射的例子中，除了导弹专家不在场，只要具备其他所有特点，就可应用此条原则（当然，导弹试射没有发生），如图 7.2 所示。

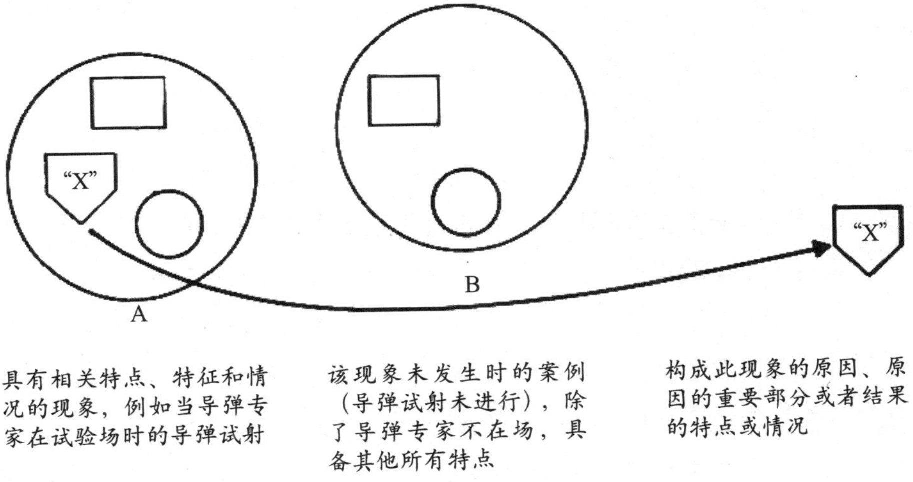

图7.2　穆勒法则第二条

3．如果某现象发生时的两个或两个以上案例只有一个特征、条件或情况相同，而该现象未发生时的案例除了不具备上述特征外，没有其他任何共同点，那么上述这个特征就是此现象的原因、原因的重要部分或结果。例如，如果有两个案例表明，应用一种新型雷达与防空系统的高准确性相关；而另一些案例表明，当没有探测到这种新型雷达时，防空系统的准确性与平时无异，那么防空系统准确性提高的原因可以归结为使用这种新型雷达，如图 7.3 所示。

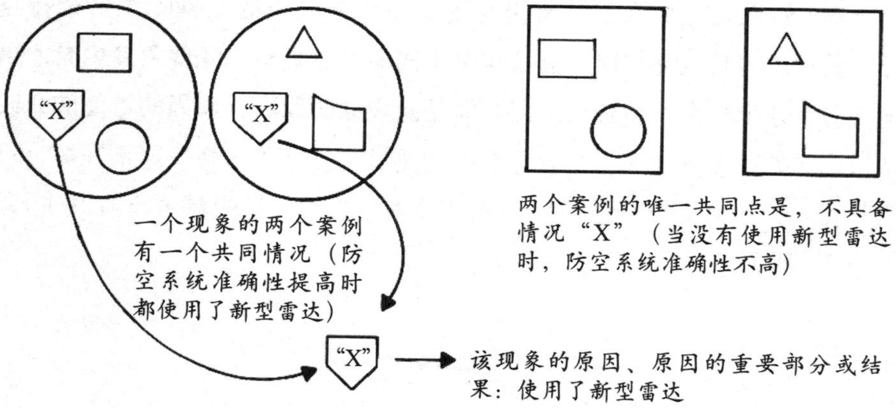

图7.3　移勒法则第三条

4. 列出一个现象发生前的所有相关情况，然后确定该现象的哪些方面是由特定的先前情况引起的，并将这些方面从总的现象中排除，余下的方面则是由余下的先前情况引起的。此原则最适合在实验室环境或能找出所有相关先前情况的条件下使用。但在未被系统化的环境中，要找出所有相关的先前情况很难。这个原则看似有些空洞，但在实践中应用却很多。例如，在科技情报分析中，需要确定一个被缴获装备的各个部件和功能。各个控制装置和不同功能要对应起来。那些没有首先匹配到控制装置的功能，是由余下的、没有对应其他功能的控制装置控制的。通俗说，这个过程就是用的排除法，如图 7.4 所示。

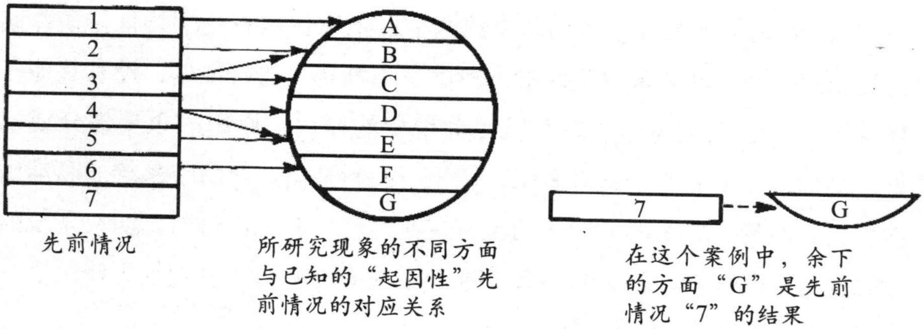

图7.4　移勒法则第四条

5．如果一个现象总是随着另一个现象的变化而变化，前者就是后者的原因、结果，或与后者相关。（在前面，讨论过关联和因果之间的关系，此原则简明扼要地陈述了该关系。）例如，某些不明遥测信号可能与友方雷达跟踪的导弹机动有关。遥测信号的变化与导弹机动的关系越紧密，这些信号越有可能是导弹机动的原因，如图 7.5 所示。

图7.5　移勒法则第五条

显然，原因总是在结果之前存在或出现。诚然，两者之间的时间差别可能只是以十亿分之一秒计，但如果 A 被确定为 B 的原因，则 A 必然在 B 之前发生。总之，起因一定是关联因素，但并非所有的关联因素都是起因。

六、“定量”与“定性”分析：模糊的区别

众所周知，分析人员和研究人员非常注重研究的严谨性。但很多人不知道的是，研究人员为了追求严谨（或者至少为了显得严谨）而采用的方法可能是谬误的。具体而言，没有经验的研究人员认为用“定量的”方法来呈现信息可以在某种程度上提高信息的质量或结论的可靠性和有效性。当然，这种想法是错误的，但大家对数字的迷信是持久的。将原始观察结果转换成某种统计数字形式并不能提高研究质量，同样，对分类不合理的信息进行精确量化也不能实现对原先信息更实质性的改进。

在任何种类的研究活动中应用统计方法时都存在一个误区，即持续使

用二分法来区分定性研究与定量研究，或非统计方法与统计方法。但定性与定量方法只是彼此在逻辑上的外延，例如，测量或量化的对象总是某种性质。量化只是用来描述性质的一种更精确的方法，前提是该性质能被足够清晰地描述，以至于可以被准确地测量（这一前提很关键）。[1]

相似的，在许多通常被认为是定性的概念中隐含有测量。例如，说一个政府比另一个政府更好战，隐含有对两个国家好战程度的对比，这是一种粗略的测量形式。政治科学家评论某国具有高度的政治凝聚力，这是在对性质进行量化陈述。分析或研究人员在表达某一事件发生的确定程度时，会用“几乎可以确定”或“非常可能（或不可能）”等语句。他们的定性陈述实际是关于概率的定量描述。

利用谢尔曼 · 肯特图表（Sherman Kent chart）（如图 7.6 所示），可以将情报中的定性陈述转换成对似然性的定量表述。

在测量尺度上，定性与定量方法的差别更小。例如，定类尺度（nominal scale）基本上是一种非量化的测量尺度，它将各项分配到不同类别中。定序尺度（ordinal scale）只有在被测量项目按重要性排列时才是“量化”的。[2] 在任何类型的分析中，重要的关注点都是准确性，但分析

[1] 原注：“准确”的意思是，反复测量后得出的结果都相同。

[2] 原注：有四种测量尺度：定类尺度、定序尺度、定距尺度（interval scale）和定比尺度（ratio scale）。以下是这些尺度的定义：

1）定类尺度：对性质进行分类的尺度。例如，在车辆分类上，可以根据车辆动力类型来划分、分类或测量，如分为汽油动力和柴油动力车辆；或根据飞机机翼对飞机进行分类，如分为固定翼、旋翼或变后掠翼（swing）飞机。定类尺度是用于分析过程的基础阶段——分类阶段的测量尺度。

2）定序尺度：根据可排序性质进行分类的尺度。例如，履带式水陆两栖车辆可以被归类为比轮式非水陆两栖车辆“更机动的”车辆。也可根据其他国家对于美国国家利益的战略重要性对前者进行排序。

3）定距尺度：测量工具上刻度之间距离相等且具有定序尺度特点的尺度，例如华氏温度计和摄氏温度计（定距尺度的零刻度是任意的）。

4）定比尺度：包含绝对或真实零度，并且有均等刻度的尺度，例如重量、长度和高度等尺度。

可能性 支持—反对	
100—0	完全确定
99—1 85—15	几乎确定的、非常可能的
84—16 55—45	可能的、大概的、或许的、确信的
51—49	有超过一半的机会、总的来说………
50—50	成败各半的机会
49—51	少于一半的机会
45—55 16—84	不能确定的、不可能的、未必确实的、未必有的、可能不是的
15—85 1—99	几乎不可能的、非常不可能的、机会很小
0—100	完全不可能的

图7.6　将定性判断与定量描述相互转换（反之亦然）的谢尔曼·肯特图表

不能使本来“不严密地”搜集来的信息或描述不清的信息变得更准确。

七、小　结

- “分析”这个词在情报研究和学术研究中的含义略有不同，但它在两种研究中都指的是将大问题分解为多个较小问题，并对信息进行思维（或物理）上的处理，从而得出结论或概括的过程。
- 演绎和归纳是处理信息的两种基本思维过程。演绎被称为演示性推理，因为它是演示结论的正确性与有效性的过程。归纳有时被称为合情推理，用于发现和验证概括结果。归纳在解决问题时使用得最普遍。
- 演绎有形式规则可循，归纳没有形式规则可循。但人们总结了一些关于归纳条件的原则，可以提高概括为真的可能性，这些原则被称为“验证准则”（rules for verification）或“合情推理准则”。
- 找出某个结果的原因是预测后果的基础。所以，科学家和情报研究人员非常重视确定因果关系。
- 原因和结果之间总是存在着相关性，但并非所有关联关系都是因果关系。
- 本章论述的“穆勒法则”是确定因果关系的普遍原则。
- 定量与定性分析的区别很细微，因为量化的对象总是性质，而性质特点上的区别常常反映了基本形式的测量或量化。
- 对现象采用量化描述并不代表研究就是严谨的，而即使最严谨的数学或统计分析也不能提高质量差的信息的质量。

[第八章]

分类：分析的基本步骤

分类是对信息进行归类的过程。[1] 在涉及大量调查、需要制作许多交叉表的研究项目中这一过程不可替代，在小型调查研究中也很有用。分类不仅是快速处理信息的方法，而且是解决问题的手段。本章所举的两个例子是关于生物学和物理学方面的分类。分类应用于各门学科，产生了大量的重大发现；可以想见，情报工作同样可以产生类似“发现”。

一、科学研究与情报工作中的分类

科学家可以将某个物体、生物、事件、状态或活动进行归类，然后推断其特征，这些特征如果不归类可能就不太明显。例如，生物学家看到一个四趾、伸缩爪动物的脚印，根据物种知识将其归类为哺乳动物（两栖动物有四个脚趾却没有爪子，爬行动物有五个脚趾但爪子不可伸缩）。归类后，根据哺乳动物的特征，推断出该动物多毛并哺乳幼仔。此外，根据伸缩爪的特征，生物学家推断它是食肉动物，所以很可能长有门牙、犬齿和

[1] 原注：在情报研究和分析中，信息经常被划分为不同等级，依据即是其在未经批准情况下泄露可能对国家安全造成危险的程度，这也许是该词（分类，classification）在情报分析中最为人熟知的含义。

臼齿。这样，生物学家凭着一只脚印，通过将观察现象归类，然后根据该类的共同特征推断其他特征，从而准确地再现了这个未曾见过的动物。

情报中类似的推断可用于分析外军飞机的性能。例如，俄罗斯“苏霍伊”（Sukhoi）强击机“击剑手”（Fencer）除了可变机翼，与 Su–7BM“装配匠”（Fitter）外形很相似。尽管细看会发现两者各有特点，但可以推断两者任务差不多，且新型号“击剑手”的性能不会比其前代机 Su–7 和 Su–17 低。同样，民用 11–18 中程运输机与 11–38 反潜战 / 巡逻机几乎一模一样。由于接触民用飞机比军用飞机容易，可以通过仔细研究 11–18 飞机来了解 11–38 军机的特征。

为进一步说明分类在情报研究与分析中的应用，在此简要探讨一下元素周期表的发展历程。1869 年，季米特里 · 伊万诺维奇 · 门捷列夫发表了一篇文章，根据元素表现出的属性将其分类。他写道，“当我按照元素原子量大小从最小开始排列它们时，发现这些属性存在周期性……我将元素属性和原子量之间的相互关系命名为‘周期律’，这些关系适用于所有元素，并且具有周期性。”[1]

他发现了一个重要的事实，即有些情况下，他的分类标准（原子量）在排列某些元素时并不恰当。例如，如果只按照原子量的标准，碲的原子量为 127.61，在元素周期表中应排在碘（126.91）之后，但是根据碲的其他属性把它排列在碘前，就可以使它归入与其属性非常相似的硒族元素；同时，碘也可以归入与自己属性非常相似的溴族。

这种排列配置的价值显而易见，当门捷列夫无法补全周期表时，他声称，周期表中的空缺元素“应当被发现”。而且，根据空缺元素前后元素的属性，门捷列夫还预测了那些待发现元素的属性。（门捷列夫在有生之年发现了他所预测元素中的三种，它们的属性与他之前的预测相符。）

在情报分析中，创造一个作战序列与建立元素周期表相似。例如，基于对敌人作战原则的了解和以往的经验，可以确定敌人通常在边境部署

[1] 原注：Harold A. Larrabee, *Reliable Knowledge* (Boston: Houghton Mifflin, 1945), pp. 239–248.

两支部队，预备一支部队。基于对一支边境部队和另一支（假如说预备部队）以及它们编制的了解，就可以试着推断另一支边境部队的编制和身份——即使无法接触到这一部队。当然，情报分析人员（和门捷列夫一样）不能确信缺失元素的成分是什么，但他确实有一个看似合理的想法。

分析和研究人员利用分类辅助推断的另一个例子是，如果分析人员了解敌人通常部署某种武器系统（如地对空导弹系统）的特定几何模式，当他获得某个未知武器系统的部分信息，而这些信息与先前了解的武器系统部署模式相吻合，那么他可以根据该未知系统的布局将其归入某具体武器种类，再根据该武器种类的知识推断未知系统的其余布局和大致特点。

此外，在情报分析中，分类还可用于系统的宣传分析或内容分析（关于外国出版物、大众传媒或军方和政界要人的公开声明）。最基本的系统内容分析包括公众话语分析、重要内容识别、将编码话语（内容成分）归入预设话语类、列表结果分析（如相关性、解读等）。尽管说起来简单，但具体实施起来要复杂得多。例如，内容要素（或者最好是录音材料）也许是一个短语、几个词或仅仅一个词，那录音材料就必须精确界定，还必须毫不含糊地界定录音材料的分类或类别；仅仅是录音材料的分类规则也许就要查阅几百页之多的工具书。[1]

二、为什么要分类？

分析和研究人员对信息分类的原因有两个：理解信息和出于方便。作为理解的辅助手段，分类通常可以表明信息之间的关系；这些关系在杂乱无章的情况下往往难以察觉，明确信息关系可为下一步的比较和预测打下基础。回溯之前的两个例子，正是由于对信息进行分类和排序，门捷列夫

[1] 原注：宣传分析中容易混淆编码和分类过程，因为所要分类的语句本身模棱两可。关于宣传分析问题的更多讨论，参见 Jerome K. Clauser, *Propaganda Analysis: Techniques and Procedures for Analysts*（State College, PA: HRB-Singer, 1973）。

才能预测缺失元素的属性；同样的，分析或研究人员基于结构相似性将两种飞机归入同一类，才推断出两者具有同样的性能特点。

信息分类还可帮助研究人员发现缺少的信息，这是提出未来信息搜集要求的第一步。此外，分类体系可为研究人员呈现信息结构的全貌，为其研究提供一个模式或格式塔（结构）。但多数研究人员对信息进行分类是为了方便，有了分类体系，他们在与他人交流时就可以使用属名（generic or class names）而不用提及其具体名称。例如，在多数情况下，使用“DO”（destroyer）或“驱逐舰”比使用“‘普雷斯顿’号驱逐舰、编号 795、之后的‘弗莱彻’级”更方便。（当然，有时也需要使用某物体的全称。）

此外，分类体系可以将研究人员从纷繁复杂的细节中解放出来，以便集中精力分析他所研究的那一类现象的群体特征或属性。由于对分类信息进行了索引，因而很容易检索。因此，依靠分类体系，研究人员既可以在只需要类别属性时过滤细节，也可以在必要时提取细节。总之，对信息分类使分析人员能够将无限的信息转化成有限的、易于管理的成分，这些成分既能存储也能检索。

设计周密的分类体系带来的另一个便利是它提供了一种方法，该方法使得在每次加入新信息时，不需要对文档进行大量调整。有了详尽的分类体系，研究人员只需将已经建立的类别进行扩充，就可以加入新信息。

最后，分类体系还为使用者带来一个便利，即只要懂得了该体系的基本原理，无论多少人都可以使用同一分类体系。分类体系的基本原理指的是信息分类（或纳入体系）和检索的规则。事实上，只要把规则定清楚，信息的实际分类、存储和检索就可以自动操作。

三、编码：最基础的分类

最基础、分析和研究人员最熟悉的分类过程，也许就是编码过程。

诚然，编码起初是为了处理大量信息，但也可以有效地应用于小型研究项目中。编码有两个基本步骤：(1) 将信息分类；(2) 根据项目类别给每个项目分配一个编号或代码。使用计算机处理信息时，这一简单步骤必不可少。每一个进入计算机数据库的信息都要经过分类和编码，这对于分析人员进行人工分析也很有帮助。

图 8.1 和 8.2 中的总结表包含了讯问战俘时常见的关于个人资料和回答问题的内容。首先，信息以单独的访谈计划表或问卷调查表的形式加以记录。显然，这种形式的信息处理起来几乎不可能；而且，任何单独信息显示的只是来自或关于单个对象的信息，不能显示总体战俘人群回答问题的模式。然而，如果按照预先确定的分类模式对这些回答进行编码，只需将回答类别制成表格，就可以分析群体回答的特征。

图 8.1 记录的是所有实验对象的回答，图 8.2 显示了如何将同样的信息进行汇总，以便做进一步分析。例如，我们可以看出，所有尉官的回答都比较一致，但与其他对象的回答不同；步兵和炮兵的回答相似，但与后勤兵的回答相异。诚然，由于该样本量相对较小，因而各类人员的统计差别并不明显，但这样的制表的确可以显示出回答模式的差异。如果将这些数据输入计算机内，就可以不断增加数量，也许还可以揭示出更多该汇总表中所没有揭示的回答模式，如年龄与军衔、兵种与年龄、部门与兵种的相关性等。

所举的这一实例中，样本大小只有 89 人，如果样本量再大些，就需要使用数据处理系统。[1] 当然，如果必须进行数据统计分析（不包括计数），就需要用到计算机，或者至少需要一个手动计算器。

[1] 原注：适合“手动处理”的极限数据为大约 150 个实验对象。

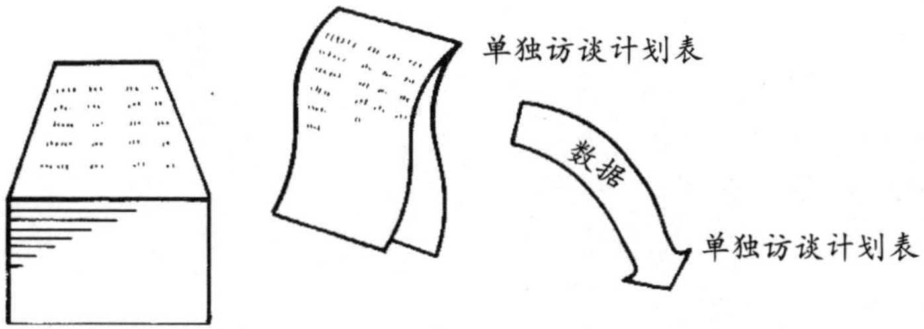

讯问战俘情况总结表																																
对象编号	年龄				兵种				部门			军衔				问题1				问题2			问题3			问题4				问题5		
	15—19	20—24	25—29	30以上	步兵	炮兵		给养/后勤兵	I	II	III	士兵	士官	尉官	校官/将官	A	B	C	D	A	B	C	A	B	C	A	B	C	D	A	B	C
1	1							1			1	1							1			1			1				1		1	
2	1							1			1	1							1		1				1			1		1		
3		1						1			1		1						1			1			1			1			1	
4	1				1				1			1				1				1			1				1					1
5		1			1				1			1				1				1			1			1						1
6	1							1			1	1							1		1				1				1		1	
7				1	1				1						1		1			1			1					1			1	
8		1				1				1			1				1			1					1			1			1	
9		1				1				1			1				1			1					1		1					1
10	1					1				1		1					1			1			1				1					1
11		1			1					1		1				1				1			1					1			1	
12	1							1			1	1							1			1			1			1		1		
13																																
14																																

图8.1 对所有实验对象的答案进行的编码

战俘问讯回答汇总

回答情况																	
个人资料	问题 1				问题 2			问题 3			问题 4				问题 5		
	A	B	C	D	A	B	C	A	B	C	A	B	C	D	A	B	C
年龄（人数）																	
15—19（41）	19	18		4	9	30	2	26	11	4		12	22	7	23	15	3
20—24（44）	21	22		1	34		10	23	18	3	10	27	3	4	9	33	2
25—29（3）		3			3			3					3			2	1
30—（1）		1			1			1					1			1	
总人数（89）	40	44	0	5	47	30	12	53	29	7	10	39	29	11	32	51	6
兵种																	
步兵（71）	30	41			39	26	6	43	27	1	9	36	23	3	28	41	2
炮兵（13）	10	3			8	4	1	10	2	1	1	3	3	6	2	9	2
给养 / 后勤兵（5）				5			5			5			3	2	2	1	2
总人数	40	44	0	5	47	30	12	53	29	7	10	39	29	11	32	51	6
部门																	
Ⅰ（67）	28	39			39	27	1	42	26	1	5	35	23	4	14	47	6
Ⅱ（15）	12	3			6	3	5	9	3	1	3	3	3	6	11	4	0
Ⅲ（7）		2		5	1		6	1		5	2	1	1	3	7	0	0
总人数	40	44	0	5	47	30	12	53	29	7	10	39	29	11	32	51	6
军衔																	
士兵（78）	39	39			46	30	2	52	25	1	1	39	28	10	32	45	1
士官（6）	1	4		1			6		4	2	5			1		5	1
尉官 / 将官(4)				4			4			4	4						4
校官 / 将官(1)		1			1			1					1			1	
总人数	40	44	0	5	47	30	12	53	29	7	10	39	29	11	32	51	6

图8.2　回答问题分类表

四、分类的两种含义

分类作为一个动词，有两种含义，一方面指的是将某一具体信息分配到分类计划预先确定的位置，另一方面指的是将信息按照相关子类分开并组织起来。严格来讲，第二种做法称为划分（division）。分类的第一种含义，即将某一具体信息分配到分类计划预先确定的位置，可以用截获接收机操作员侦查雷达信号的活动来举例说明。操作员发现该信号的参数与某类预警雷达完全相关，据此判断该信号来自某特定预警雷达。在本例中，预先确定的每个信号参数的上下限构成了分类的标准。[1]

分类的第二种含义，即将信息按照相关子类分开并组织起来。以军用交通工具分析人员的活动为例，分析人员可将军用交通工具这一总类划分成任何子类，如他可以按照推进模式、轴数、用途、重量等方式分类。以下的讨论主要围绕分类的第二种含义（即进行划分）展开。

五、分类的步骤

分类过程可分为五步，这种步骤划分没有精确的标准或严格的次序，但通常在将某一对象分类前会确立分类标准。具体步骤如下：

1. 确定分类体系的目的。这一步骤非常重要，因为分类体系的目的决定了分类的类型。

分类学（关于分类的科学）学者知道两种基本的分类体系：自然体系和人为体系。自然体系基于被划分事物的基本属性，如由几部分组成、尺寸、颜色或形状。自然分类的例子包括之前所说的元素周期表、基于植物

[1] 原注：类别也称为定类尺度。上面所定义的分类的第一个含义实际上是一种计量方式，虽然只是一个粗略的计量。

花器部分的植物分类、基于频率和其他信号特征的雷达分类，或者基于推进模式 / 发动机数量的飞机分类等。

人为分类往往会显示使用者的需求。根据生产国对雷达进行分类、将飞机分为“可疑的”和“友好的”、将海岸和登陆海滩按照适合登陆作战的程度进行划分等，都是人为分类的例子。

完全自然和完全人为分类体系的折中称为诊断系统（diagnostic system）。诊断系统既能反映被分类事物或现象的自然属性，又能反映分类者的意图。例如，按照不同气候条件下的交通处理能力对道路进行分类，按照其功能对雷达进行分类等。

索引分类（index classification）完全属于人为分类。索引分类首先考虑的是数据的可访问性，从这个意义上来说，使用者的需求决定了分类标准的选择。索引分类的例子包括：杜威十进制分类系统、美国国会图书馆分类系统、书籍的索引以及按字母顺序排列的任何信息。与情报关系更密切的索引分类包括按照缆索数目对船只进行分类、按照字母顺序对国家元首进行列表，以及按照信息到达时间进行分录分类等。

总之，制定分类方案的目的决定了哪种分类体系最为恰当。

2. 确定分类目的后，需要观察待分类现象或关于现象的信息中哪些特征可作为分类标准。研究人员应该思考这些事物、事件或其他现象的共性是什么？它们具有哪些特色或独特性？研究人员应充分展开想象力，考虑到待分类事物的所有相关因素，有些出现在脑海中的特征刚开始似乎比较肤浅，但这一步骤是找出各种分类可能性的一个尝试性步骤。

3. 从需要分类的事物、事件或现象中找出能够满足分类目的的特征。分类的功能应围绕那些与分类目的有关的现象特征。任何现象都可以有多种分类法，最好的分类法是能满足使用者特定需求的分类法。例如，如果研究人员研究大杀伤半径武器系统，他会发现基于武器系统精度的分类与此没有关系，因为杀伤半径可以弥补任何精度不足。

根据不同需要可以对导弹进行如下分类：如果射程是重要的考虑因素，导弹可分为远程导弹（大于 5000 海里）、洲际弹道导弹和中程导弹

（300—1500 海里）或中程弹道导弹和短程导弹（小于 300 海里）；如果速度是重要的考虑因素，导弹可分为亚音速、音速、超音速（喷气速率介于 1 至 5 马赫之间）和极超音速（喷气速率超过 5 马赫）；基于控制系统，导弹可分为非制导 / 自由飞行火箭或制导导弹。制导导弹根据其制导系统还可以进行再分类，如指令制导、航迹推算、定位和自导或寻的制导系统。

导弹还有其他的分类方法，但要明白，任何现象毫无例外都可以根据其自身特征进行各种分类，但最重要的是要根据分类者的需要。

4. 确定各等级间或等级与等级之间的关系。这一步涉及两件事，首先是给出判断两个事物相关的定性标准，其次是给出事物划分的高低等级。基本来讲，研究人员必须确定（或建立）各个条目对应虚构的抽象概念阶中的哪一级。例如，“苏联喷气战斗机”作为一种空中飞行器在虚构的抽象概念阶中，高于“米格战斗机”但低于该阶中的“固定翼飞机”。

分析和研究人员也会碰到不需要划分等级的情况。例如，雷达可按照频率分类为脉冲重复频率（PRF）、脉冲宽度、扫描频率和偏振模式。这种情况下，具有相同运行参数的雷达可划归一类。例如，将运行频率在 1550—3900 兆赫的雷达划为一类，称为 S 波段雷达，或者将位于某个特定地理位置的各种雷达划为一类，再按照功能进一步分类等等。这些分类均没有考虑等级因素。

5. 将分类标准应用于“全体”，所有个体都划归到相应组中。这一步完成后，你就已经做完了一轮工作。这一步骤的做法与分类的第一种含义完全契合，也就是说，将个体划归到特定类别中。

六、分类体系的测试

在大规模应用某个分类体系前，应该进行初步的试验；在试验前，还应围绕以下几个问题对该体系进行检查：

1. 现象的分类规则是否一致？

2. 各类别是否相互排斥，即类别之间有无重叠？（现象可以有多种分类法，但每种分类模式都自成体系。）

3. 体系是否完善？能否满足设计意图（即是否存在与现有类别不适应的成分）？

4. 每种分类是否都可以至少划分成两项？（如果没有两个次级项，就不能称其为一个类。）

七、分类是去掉部分之后对现实的抽象

之前关于分类的讨论是围绕分类二元设计的“两可”逻辑。应该注意所有分类计划都具有任意性，每种分类体系或多或少都能反映现实世界。尽管我们可以抽象地说某个事物或事件属于这个或那个类别，但现实世界很难符合一个理想的分类体系。分类者通常只是随机决定群组分配，只要记住分类的目的，随机决定并没有什么坏处。但是，保持一致性非常重要，这样，任何使用该体系的人才会将同样的现象以同样的方式分类。最后需要记住的是，即使对专业分类学者或“分类者”来说，分类本身也不是结果，尤其是在情报研究中，分类只是分析过程的第一步。

八、小　结

● 分类，即将信息分配到不同类别的过程，是各类研究、许多问题解决活动和所有检测活动的一个必要步骤。

● 分类有两个主要的目的：更好地理解信息，更方便地存储和检索信息。

● 分类过程通常涉及五步：

- 确定分类的目的；
- 研究待分类现象的信息，以便建立将信息归类的依据；

- 按照信息分类的目的选择恰当的分类依据；
- 识别各类信息之间及各自之间的关系，例如等级关系、子集关系等等；
- 将信息划归到具体的群组或类别中。

● 分类规则要求：

- 现象（或信息）的归类要一致；
- 各分级或分类之间应相互排斥；
- 体系要完整，所有成分都能够归入某一类，并且不会剩下任何成分；
- 每个母集至少要有两个子集。

[第九章]

研究与分析中的基本定量方法

如果你能测量你所说，并且能用数字来表述它，那就说明你知道你在说什么；如果你不能测量你所说，并且不能用数字来表述它，那么你所知道的就存在不足，不够充分；它可以是认知的开端，但你绝不可能达到科学高度。

——开尔文勋爵[1]

在职业生涯中的某个时间，几乎每一位研究或分析人员都会与定量数据打交道。有时，研究人员需要自己进行定量分析，但更多情况下，研究人员必须使用其他研究人员的定量分析成果。本章探讨与情报研究和分析有关的一些基本数据和定量分析方法，有些情况下只讲到一种方法，它的具体应用会留给读者思考；另一些情况下，尤其在讨论某个具体方法时，会举例证明它在解决情报问题中的应用。

对于不熟悉数学符号意义的研究人员来说，本章所用到的一些公式也许看起来晦涩可怕，但实际操作通常很简单。对于任何懂得一些基本代数知识的人来说，掌握这些公式都不成问题。本章的目的在于使研究人员了解统计学的基础知识，而不是训练读者去开发或应用某一统计方法来解决

[1] 译注：开尔文勋爵，原名威廉·汤姆森（William Thomson，1824—1907）。爱尔兰数学物理学家、工程师，热力学温标（绝对温标）的发明人，被称为热力学之父。

某个具体问题：这也是整本书的核心目标。

一、统计分析

统计学是研究大量数字数据的搜集、分析和推断的科学。统计学有三种基本类型：描述统计、抽样理论和推断统计。描述统计表述一组数据的大小和分布，例如，在对一次可疑的军事动员的研究中，描述统计可以告诉研究人员，在过去几个月内，经铁路从沃尔科维斯克到比亚韦斯托克运送重型武器的平板车（flatcar）的平均数。（研究人员还可以估算空车返回的平板车的平均数。）

抽样理论使人们只根据总体的一部分，就可以推断出很多（或所有）情况、事情、事件或状况（即“总体”）。例如，关注苏联运往波兰物资动向的研究人员了解到每天有四辆火车在特定路线对开（总体），但他只需每周两次计算火车的平板车（他的样本）数量。抽样理论使他可以自己制定观测方案并确定样本大小。

推断统计是根据一组或几组数据做出推断，有多种功用。通过推断统计，研究人员可以根据总体的样本，量化描述总体参数的置信度。例如，研究人员也许发现西向火车的平板车每周按比例增加，相应的，东向火车的空平板车也随之增加，通过推断统计，无论他每天或每周观测一次，都可以判断是否继续同样的趋势。

推断统计还可用于分析两个或多个变量之间的关系。如果不仅记录下载货的西向平板车数量，还将它们按时间顺序制成图表（如图 9.1 所示），时间和平板车数量就都变成了重要的变量。运用线性回归分析，可以画出一条线来显示平板车数量随时间变动的增加趋势。在本例中，统计推断还可用于研究其他变量间的关系，例如火车总长与每辆火车的车厢数量的关系。

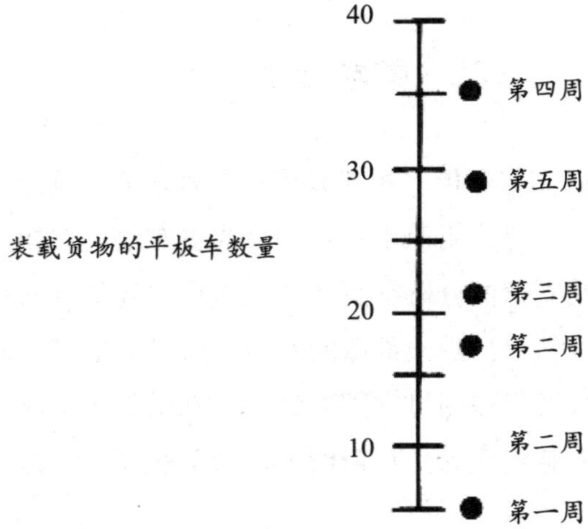

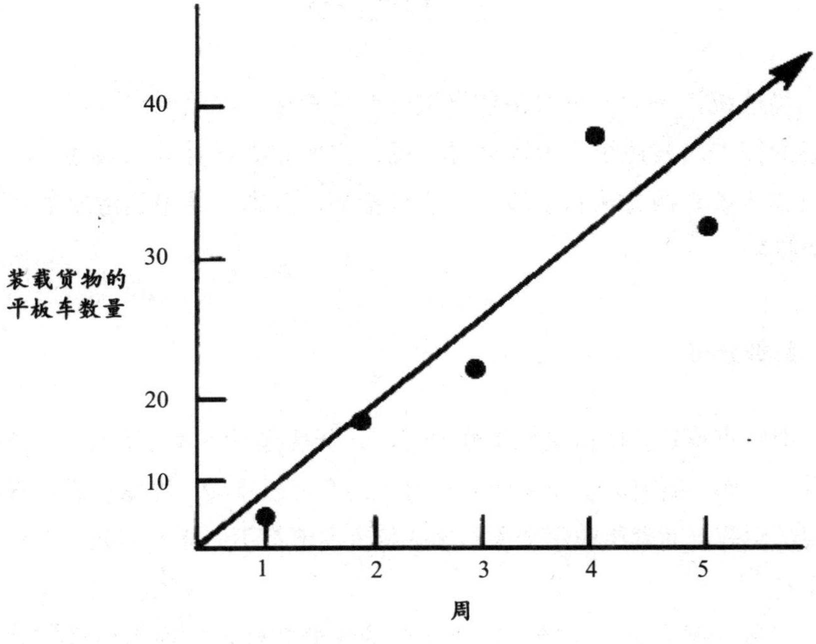

图9.1 按时间顺序记录的数据和绘制的数据图

二、数学分析

统计分析在情报研究与分析中尤其有用，因为分析人员经常需要通过部分数据得出结论，但有时使用简单的数学公式更有效。例如，如果指挥官确定他正在和两个独立营的分队交战，他只需将交战部队的数目乘以每支部队的兵力，就可以估计出敌人部队的实力；如果他知道与他交战的两个营隶属于某个团，只要将该团每支部队的实力乘以部队总数，就可以估计出即将遭遇的敌人的整体实力。在该例中，简单的算术运算就足以让人们做出准确评估。

三、描述统计

描述统计是对大量数字信息进行概括总结，并绘制出描述这些数字信息的图表。描述统计可以通过绘图、文字和数学计算来表述。本节将介绍描述统计的方法和手段，主要包括频数分布、集中趋势量数和分散趋势量数。

频数分布

对特点或特征的测量结果称为值。一个具有不同值的特点或特征称为变量。例如，研究人员想要研究一组人的身高、年龄、财富、教育程度、服役年限等，而群组中每个人的这些特点的值都不一样，因此，就称它们为变量。

对每一类身高、年龄或其他变量的人的数量可以列出出现次数。例如，292 名美国士兵的身高可通过测量得知，它们出现的次数如下所示：

身高（英寸）	对应身高的士兵数量（出现次数）
60—62	12
62—64	28
64—66	37
66—68	42
68—70	50
70—72	44
72—74	36
74—76	25
76—78	15
78—80	06

这些士兵的身高按照每两英寸间距记录，这样，单从该次数分布表中，无法将身高 68 英寸的士兵和身高 69 英寸的士兵区别开来。研究人员选择正确的组距（class interval）十分重要，组距的大小取决于该数据的实际用途。在本例中，选择 1/8 英寸组距并不好，因为人的身高一天内的变化通常都会超过 1/8 英寸；另一方面，选择 20 英寸组距无法给研究人员显示任何特点。多数情况下往往采用等距分组（例如，所有士兵采用 2 英寸组距而不是一些 2 英寸一些 4 英寸）。

该次数分布表显示，多数士兵身高在 68—70 英寸之间，特别高或特别矮的人并不多，但这群人的身高特点，该次数分布表无法给读者一个清晰的印象。通过绘制数据图，将身高数据绘制在横轴上，各数据对应的人数绘制在纵轴上（如图 9.2 所示），就能呈现数据的直观印象。

如图 9.2 所示，由长方形组成的图称为柱形图，如果将每个长方形顶线的中点连起来，图像就更加直观。该柱形图显示了每组中的个体人数、每组的相对大小以及各组的分布情况，该柱形图呈粗略对称“曲线”，表示个高和个矮的士兵人数相当。

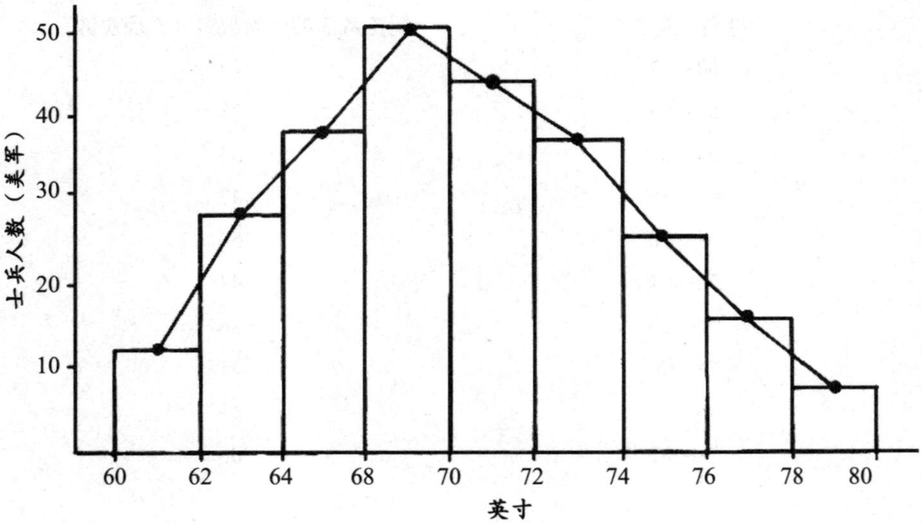

图9.2 美军士兵身高（英寸）

集中趋势量数

武器制造时通常只有一个尺寸，但武器的设计必须既能让最高个子的士兵用，又能让最矮个子的士兵用。因此，武器设计通常要适应“典型”或“普通”士兵的需求。[1] 计算“典型”士兵身高是计算数据集中趋势的一种方法，共有三种集中趋势量数：平均数、中位数和众数。平均数表示平均水平，可通过将变量的所有个体值加起来，然后除以这些值的个数。在上面所举的士兵身高的实例中，有很多身高相同的士兵，相比于将每个个体的身高相加，用下面的方式计算平均数效率更高（如表9.1 所示）。

[1] 原注：这一点值得重视，M1 卡宾枪在亚洲很普及的一个原因在于它小而轻。

表9.1 士兵身高及“士兵—英寸数”总和

(1)	(2)	(3)
身高（英寸）	对应身高的士兵数量	士兵—英寸数总和
60—62	12	732
62—64	28	1764
64—66	37	2405
66—68	42	2814
68—70	50	3450
70—72	44	3124
72—74	36	2628
74—76	25	1875
76—78	15	1155
78—80	06	474
	295	20421

每组的中间身高，例如60—62英寸组的中间身高是61英寸，这一数字乘以该组士兵人数得出第（3）栏数据，即该组距的“士兵—英寸数”总和，将第（2）栏的数据加总、第（3）栏的数据加总，然后用第（3）栏的总和除以第（2）栏的总和，就可以得出平均数。

$$\frac{\text{士兵的英寸数总和} = 20421}{\text{士兵总人数} = 295} = 69.2\text{ 英寸}$$

中位数指一组变量的中间值。例如，如果将所有士兵按从低到高的顺序排列，排在中间位置的士兵的身高就是中位数。通过将数据重新排列，就可以得出中位数（如表9.2所示），在第（3）栏中，将每组士兵人数与之前组士兵人数相加，如12+28+37……由于共有295名，第148位士兵的高度就是中位高度。根据第（3）栏数据，第148位士兵身高为68—70英寸。众数是出现次数最多的数据组，在本例中，众数是68—70数据组（本组有50名士兵）。

表 9.2 按顺序排列的士兵身高数据

(1)	(2)	(3)
身高（英寸）	**对应身高的士兵数量**	**累加人数**
60—62	12	12
62—64	28	40
64—66	37	77
66—68	42	119
68—70	50	169
70—72	44	213
72—74	36	249
74—76	25	274
76—78	15	289
78—80	06	295
		295

如果美国准备向盟国派送一些武器和装备，对美军和盟军士兵的高度进行统计对比分析，能够帮助规划者决定需要提供的军装尺寸和武器型号。例如，225 名盟军士兵的高度柱形图（如图 9.3A 所示）显示，他们通常比美军士兵身高低得多，数据分布的平均数是 62.4 英寸，中位数和众数在 62—64 英寸之间。[1] 因此，为适合一个典型的盟军士兵，为其发放的军装应该设计为比一个典型的美军士兵的军装短 7 英寸。

[1] 原注：在正态分布数据情况下，平均数、中位数和众数大致相等。

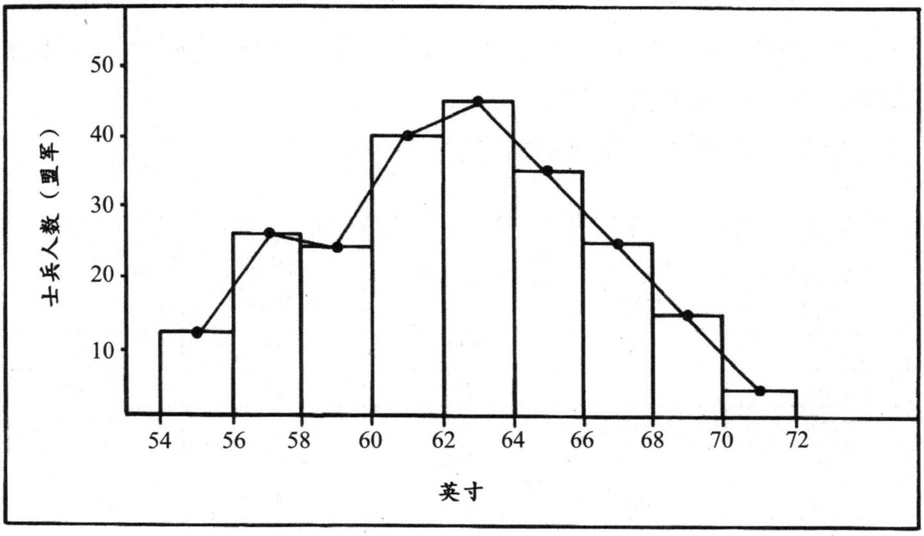

图9.3A　盟军士兵身高（英寸）

分散趋势量数

美军士兵身高数据的分布差异达20英寸（60—80英寸），如果每一个2英寸组士兵需要一套不同尺寸的军装，那么所有士兵就需要10套不同尺寸的军装。而在盟军士兵组中，最高和最矮士兵身高差异只有18英寸，如果使用与上面相同的标准，整组人群只需9套军装。分布在平均值之外的数据称为“分散数据”，高而窄的柱形图的数据分散程度不及低而宽的柱形图广。一种较常用的度量分散趋势的方法称为标准差（standard deviation），它可以表示该组中多数士兵距离平均身高的远近程度。

标准差的计算公式如下所示。

$$\sigma = \sqrt{\frac{\sum_{i=1}^{n}(x_i - \bar{x})^2}{n}}$$

该公式分以下几步：(1) 每个值 (x_i) 减去平均值 ($\bar{x}$)，(2) 每个 ($x_i-\bar{x}$) 的结果计算平方，(3) 所有 $(x_i-\bar{x})^2$ 相加，(4) 相加结果除以数据总数，(5) 计算结果的平方根。

盟军士兵身高标准差的计算如图 9.3B 所示。

(1) 各组距中点 (x_i)	(2) ($x_i-\bar{x}$) x=62.4	(3) $(x_i-\bar{x})^2$	(4) 各组距 士兵人数	(5) (3) × (4)
55	–7.4	54.76	12	657.12
57	–5.4	29.16	25	729.00
59	–3.4	11.56	24	277.44
61	–1.4	1.96	40	78.40
63	0.6	0.36	45	16.20
65	2.6	6.76	35	236.60
67	4.6	21.16	25	529.00
69	6.6	43.56	15	653.40
71	8.6	73.96	4	295.84
			=225	=3473.00

$$\sigma=\sqrt{\frac{\sum_{i=1}^{n}(x_i-\bar{x})^2}{n}}=\sqrt{\frac{3473.00}{225}}=3.93$$

图 9.3B　盟军士兵身高标准差的计算

就像计算平均数一样，每个组距的中间值代表该组距。由于有许多士兵身高相同，因此可以用 $(x_i-\bar{x})^2$ 乘以某一身高士兵的人数，结果如第 (5) 栏所示。这里运用了与计算平均数同样的便捷方式。

盟军士兵的身高标准差为 3.93 英寸。该量数显示，多数士兵身高高于 58.5 英寸但低于 66.3 英寸。如果身高的分布形成一个正态曲线（如图 9.3A 所示），那么，68% 的身高将包含在平均数左右各 1 个标准差范围内，95% 的身高包含在距平均数 ±1.96 个标准差内。本例中，身高的分布形成了与正态钟形图非常接近的曲线，据此可以断定，约 2/3 的身高数据分布在距平均数 1 个标准差范围内。

美军士兵身高的平均标准差为 4.07 英寸。因此，多数美军士兵身高高于 65.1 英寸但低于 73.3 英寸。要对比两个分布的分散程度，可用标准差除以平均数，这样就可以比较两个分散趋势量数。运用除法的必要性在于，对于身高较低的盟军士兵来讲，距平均数 1 英寸的差异的百分比要大于美军士兵身高距其平均数（高于或低于）1 英寸的差异的百分比。

相对差异量数称为变异系数（coefficient of variation），对于盟军士兵，它等于：

$$\frac{\sigma}{x}=\frac{3.96}{62.4}=0.063$$

对于美军士兵，它等于：

$$\frac{\sigma}{x}=\frac{4.07}{69.2}=0.059$$

该量数显示，盟军数据的分布比美军数据更分散。需要注意的是，尽管美军士兵身高数据的全距（range）和标准差更大，但盟军身高的变异系数更大。全距和变异系数用于度量数据分散程度的两个不同方面。

描述统计应用实例

美国和苏联持续关注各自的相对国防能力，由于两国对舰船的分类大相径庭，因而很难对他们的海军舰队实力做出比较。在分析两国舰队实力前，首先可以比较他们海军护卫舰的数量和大小（排水量）（如图 9.4 所示）。舰船数据的柱形图显示，两国对护卫舰的定义差别很大，苏联护卫舰比美国的小得多但数量占优势。

利用下列数字就可以描述两国各自的“典型”护卫舰（如表 9.3 所示）。

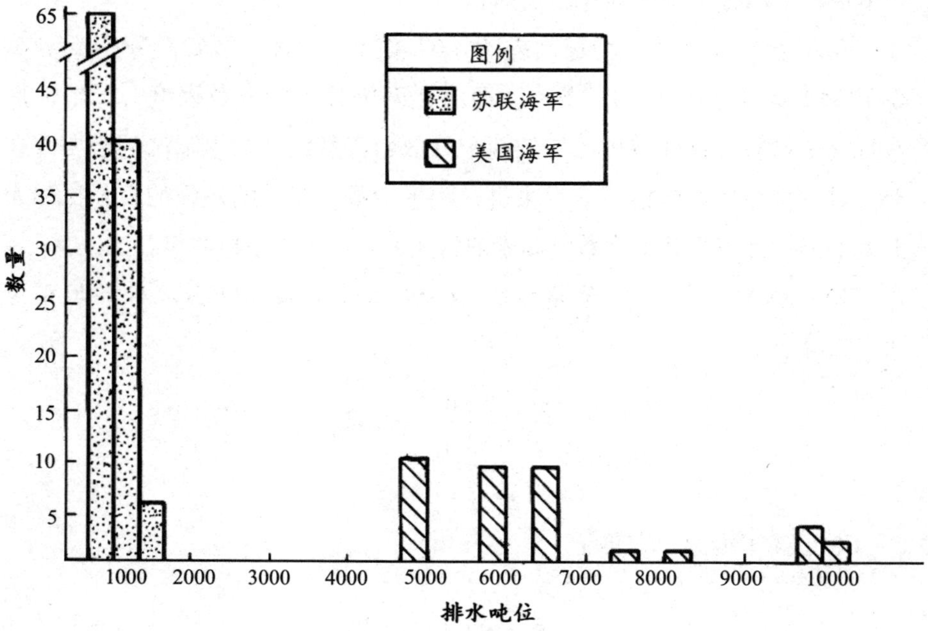

图9.4 苏联海军护卫舰与美国海军护卫舰的比较

美军护卫舰尺寸的平均数为 6379 吨，中位数为 5670 吨，众数为 4700 吨，其分布不符合钟形曲线，其平均数、中位数和众数的值差异较大。苏联舰船尺寸平均数为 1070 吨，其中位数和众数均为 950 吨，美军舰船的变异系数是 0.2723，苏联为 0.1463，因此，美军称为护卫舰的舰船分类涵盖的尺寸范围比苏联更广。

相比护卫舰，美军远洋护卫舰的舰船与苏联的护卫舰更相似。如果绘制一个远洋护卫舰柱形图，将会显示一些远洋护卫舰的尺寸与苏联的护卫舰接近，尽管美军远洋护卫舰分类范围更大一些。美军远洋护卫舰的平均数、中位数和众数分别为 3494、4100 和 4100 吨，同样的方法可以用于分析两国海军所有舰船的类型和特点，对基于排水量和级别的舰队力量的图解结果进行判读，是比较两国舰队的便捷方法。

表9.3 美国海军和苏联海军的护卫舰

美国海军的护卫舰		
(1) 排水量（吨）	(2) 数量	(3) (1) × (2)
10150	2	20300
10000	3	30000
8200	1	8200
7600	1	7600
6570	9	59130
5670	9	51030
4700	10	47000
	35	223260
苏联海军的护卫舰		
(1) 排水量（吨）	(2) 数量	(3) (1) × (2)
1500	6	9000
1200	40	48000
950	20	19000
950	45	42750
	111	118750

四、抽样理论

很多时候，分析人员或研究人员想绘制一个“对手”活动的分布图，这对于发现一些反常情况十分重要，没有分布图（或其他原始资料数据），就不可能判断出某个事件或状况是否典型。例如，情报分析人员想要绘制某国通讯社发送的信息种类的分布图，他希望该分布图可以代表

“典型”的一天，因此，他要回顾该通讯社一段时间内发送的信息。如果分析人员无法阅读该通讯社发布的每一篇报道，他就只能选一部分来仔细阅读。

研究人员感兴趣的所有内容项目也许涵盖了该通讯社某月发布的所有文章。这个数据的全体称为总体或全域，从总体中选出来用于分析的部分称为样本。如果样本选择仔细，就可以根据样本特征推断总体特征。选择样本的方法有好几种，具体选择哪种方法取决于抽样的目的。

随机抽样

随机抽样给予总体中的每个个体平等的被选择机会。选择随机抽样时经常会采用随机数表，其他的随机抽样方法包括从帽子中抽取带有编号的纸条法或投硬币法。在本例中，可以采用随机数表来帮助我们选择哪些时段的通讯报道需要仔细回顾，还可以预先决定在某一天选择 10 篇发布的报道。这 10 篇报道可以根据随机数表选择，记下 10 个 5 位数的后两位，沿着第一排数字查找。这 10 个两位数应该是 56、57、42、22、06、45、55、05、30 和 80，那么当天需要阅读的报道将是第 5、第 6……直到 2400 小时后发布的第 80 篇报道。

该例还有更简单的抽样方法，那就是使用每篇文章标题数据里的时间 / 日期抽样，例如可以选择每个整点第 37 分钟左右发出的报道。这种抽样方法尽管可以接受，但有时容易产生偏见。例如，如果想监视广播报道，分析人员选择每小时第 55 分钟的节目作为研究对象，它会发现这个时段经常是体育或天气报道。基于该偏见性广播报道样本的分布图就会让人觉得，该电台所有时间报道的都是体育和天气情况。

随机抽样的一个主要好处是，分析人员可以根据抽样来评估集中或分散趋势量数的准确性。因此，分析人员就能回答这样的问题：“我对所计算的抽样平均数在总体平均数范围内有多大的置信度？”

从盟军士兵身高的例子可以看出建立置信水平（confidence level）的

用处。参与身高测量的225名盟军士兵也许是从一个几百万的总体中抽取的随机样本，他们的平均身高为62.42英寸，该平均身高也许和总体平均身高相同；另一方面，也许有人会质疑说盟军士兵的平均身高是64英寸，分析人员可以用下面的方式为其计算的平均身高建立一个置信水平。

如下所示，他知道样本的大小、样本平均数和样本标准差。

$$n = 225$$

$$x = 62.42''$$

$$\sigma = 3.93''$$

从随机抽样的数学理论来讲，他也知道他的样本平均数可能高于或低于总体真实平均数。如果从总体中选取几个样本，大部分样本的平均数会稍大或稍小，一些样本的平均数会过大或过小（如图9.5所示）。

图9.5中，如果 x_{pop} 代表总体真实平均数，很多样本平均数将接近真实平均数（有33个样本的平均数为 x_2，略大于真实平均数），只有个别样本平均数偏差较大（8个样本的平均数为 x_1，小于真实平均数较多）。分布于真实平均数两边的各样本平均差会形成正态钟形曲线（如图9.5所示）。

样本平均值的标准误差（standard error）必须经过计算，以确定62.42英寸的估计平均身高在实际平均身高的估计区间内的可能性。标准误差的计算公式如下：

$$\frac{\sigma}{x} = \frac{o}{n}$$

如果把样本的 σ 作为总体标准差的估计值，该公式变化如下：

$$\frac{\sigma}{x} = \frac{3.93''}{\sqrt{225}} = \frac{3.93''}{15} = 0.262''$$

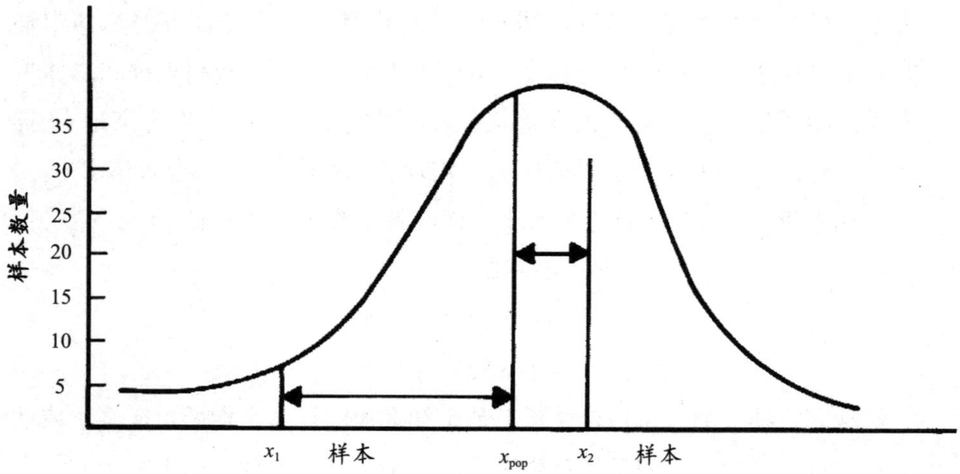

图9.5　样本平均数与总体真实平均数的间距（正态曲线）

要为估计平均身高 62.42 英寸建立置信水平，必须查找正态分布表。该正态分布表可告诉分析人员，估计平均数在真实平均数区间内的可能性。例如，如果分析人员算出身高范围为从：

$$62.42'' - 1\frac{\sigma}{x} \text{ 或 } 62.42'' - 0.262'' = 62.158''$$

到：

$$62.42'' + 1\frac{\sigma}{x} \text{ 或 } 62.42'' + 0.262'' = 62.682''$$

正态分布表告诉他，真实平均数位于该实际数据范围的概率为 68%。

另一方面，分析人员可以首先明确身高范围，从而使真实平均数位于该实际数据范围的概率达到 95%。分析人员通过查对分布表发现，95% 的置信水平为样本平均数上下 1.96 个标准差，这样就可以确定出样本的范围。

$$62.42'' - 1.96\frac{\sigma}{x} \text{ 或 } 62.42'' - 0.514'' = 61.906''$$

$$62.42'' + 1.96\frac{\sigma}{x} \text{ 或 } 62.42'' + 0.514'' = 62.934''$$

随着置信水平的增加（本例中从 68% 增加到 95%），范围大小也会增加，随机抽样也可以使研究人员确定数据的点数（n 值），从而对分析结果的置信水平有一定的把握。

分层随机抽样

分层随机抽样（stratified sampling）的目的是选取能够代表整个调查对象特点的样本。分层随机抽样通过两步来实现。首先，将总体分为若干子集，这些子集具有相似的特征变量值，它们正是需要研究的内容，你需要记下每个子集的大小；然后，根据每个子集在总体中所占的比例，简单随机抽取一定大小的样本。

例如，要制订一项军用民事行动计划——如建一座桥，需要对村民进行民意调查。如果不可能（或者不可取）和每一位村民面谈，就可以根据村民的年龄、性别和职业（特指该例中）建立访谈对象的人数和类型，确定每组对象的人数，计算每组对象人数在总体中的比例。然后，从每组每 5% 的人中，选择一个作为访谈对象。这样，在表 9.4 的例子中，孩子占村民人数的 30%，因此，就可以随机选取 6 个孩子代表村里的所有孩子。本例中，通过每 5% 选一个对象，最终将产生一个约 20 人的样本。（控制样本大小有助于分析人员估计总的访谈时间。）

如果每组至少有一人进行面谈，“其他”组至少应选择一人。由于“其他”组的人数只占总体人数的 3%，因此在样本中的比例略高。

如果总体分成子集（分类）的分法恰当，相比于大多数的随机抽样，分层抽样会产生更具有代表性的样本。但是，无法对分层抽样的值进行置信水平评估。而且，要定义子集，就必须了解更多关于总体的情况，在缺乏人口统计数据的情况下，也许很难进行分层抽样。

表9.4 村民总人口的分层抽样方案

按照性别、年龄和职业对村民人口的分组	各组人数	占总体的比例（%）	样本中的人数
小孩（15岁以下）	64	30	6
女人（15—50岁）	60	28	6
男人（15—50岁）	50	24	5
农民	33	16	3
小生意人	11	5	1
其他	6	3	1
老年人(50岁及以上)	39	18	4
总体	213	100	21

五、概率概述

概率论是推断统计的数学基础。概率论能够产生随机事件发生频率的“理想”分布，正态分布就是一个“理想”分布的例子（如图9.6曲线A所示）。在“理想”情况下，具体 x_i 值的相对频率可以精确绘制出来，这样所选的6个 x_i 值都位于正态曲线内（如图9.6曲线A所示）。现实数据很少能够完全符合该理想数据模式，事件发生的频率要么太过频繁，要么不够频繁，如图9.6中的曲线B和曲线C，它们各自的6个值分别分布在曲线上或下。然而，曲线B和C代表的两组数据非常接近正态分布曲线，因而可以将正态分布曲线作为分析这些数据的基础。

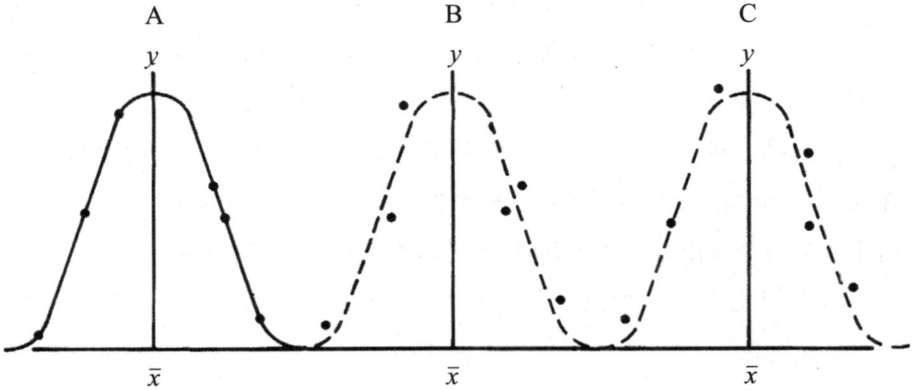

图9.6 正态分布（曲线A）及近似正态分布（曲线B和曲线C）

概率范围为从不可能（概率为0）到绝对可能（概率为1）。按照概率论，一个事件可以发生或不发生，假如 p 是事件 E 发生的概率，其不发生的概率 q 可以表示为方程（1）。

$$q=1-p \tag{1}$$

例如，民主党（D）、共和党（R）、自由党（L）和保守党（C）每个党派都指派一位候选人竞选美国参议院议员。假如前两位获胜的机会比后两位大一倍；同时，假如一定要进行选举，那么每位候选人获胜的概率可以表示为方程（2）。

$$Pr[D]+Pr[R]+Pr[L]+Pr[C]=1，或\frac{2}{6}+\frac{2}{6}+\frac{1}{6}+\frac{1}{6}=1 \tag{2}$$

自由党候选人不能获胜的概率见方程（3）。

$$Pr[\text{not } L]=\frac{2}{6}+\frac{2}{6}+\frac{1}{6}=\frac{5}{6} \tag{3}$$

方程（3）是概率加法律（additive law of probability）的例子，它指出，几个互斥事件中某一事件不发生的概率等于各个独立事件发生的概率之和。

另一概率定律——乘法律（multiplicative law）指出，几个接连发生的独立事件的概率等于各个事件的概率的乘积。在选举的例子中，乘法律可用于计算两个自由党竞选人在两个州竞选参议院议员的概率。

假如自由党在每个州获胜的概率为 1/6，其总概率可以用方程（4）表示。

$$Pr[L \text{ in both}]=\frac{1}{6}\times\frac{1}{6}=\frac{1}{36} \tag{4}$$

概率分布

可以计数的数据，如城市人口，称为**离散数据**（discrete data）；可能发生在某个范围内任一点的数据，如车速，称为**连续数据**（continuous data）。情报研究人员有时必须同时测量离散和连续现象，两种数据都有几种重要的概率分布。这里只详细探讨其中的三种：正态分布、二项式分布和指数分布。

所有的概率分布都可以通过绘图来表示，即将事件发生的次数绘制在一个轴上，将事件发生的概率绘制在另一个轴上。一个表示数值频率的柱形图与用同样数值绘制的概率分布图之间的关系，可通过下面这个智商（IQ）测试结果的例子得到解释。

智商测试结果柱形图（如图 9.7 所示）表示的是某一样本人群的智商分布。该图显示该人群中大部分人的智商处于平均水平；该柱形图形状接近对称，表示高智商人数与低智商人数差不多。

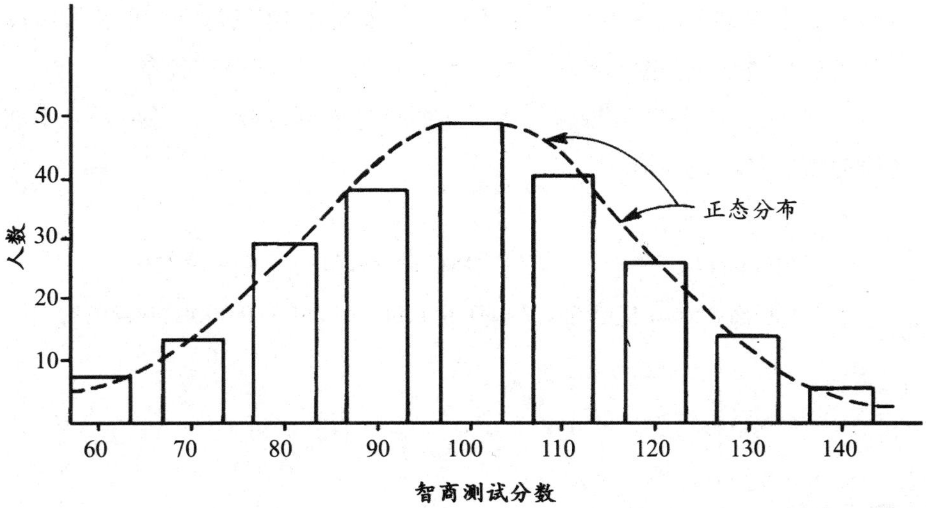

图9.7 智商分布

正态分布

一个有经验的研究人员从该柱形图的外观就可以看出，该分布图接近正态分布。当正态分布作为数据分析的模型时，就可以根据正态分布，而不是数据的原始柱形图，做进一步分析。要使现实数据匹配理想的概率分布，往往要从足够大的总体中抽取样本。例如用于描述智商测试结果的正态分布图（如图 9.7 所示）由 230 个样本组成，它取自一个 10000 人的总体。研究人员假定该总体的智商分布为正态。智商分布图稍显不规则的原因在于，该样本不太具有总体代表性。正态分布是一个连续分布，它可用于描述各类数据，包括能力、人群身高，以及机器生产的产品大小的细微差别等。

二项式分布

二项式分布（binomial distribution）描述的是离散数据。它用于描述发生概率（p）固定的事件或检验数量（n）有限的情况下数据的分布。例如，计划者考虑向一个敌占区的反对派空投补给物资，他们可能知道反对派只占总人口的 1/3（p=1）。他们希望，如果投送 10 包物资，至少可以投送到 5 群反对派中。图 9.8 是 n=10、p=1/3 情况下的二项式分布。

为了得出 10 包物资投送到至少 5 群目标人群的概率，必须将概率加法律应用于二项式分布。

1. *Pr*[at least 5] = *Pr*[5]+ *Pr*[6] + *Pr*[7] + *Pr*[8] + *Pr*[9] + *Pr*[10]
2. *Pr*[at least 5]=0.136+0.057+0.016+0.003+0.0003+0.00002=0.21232

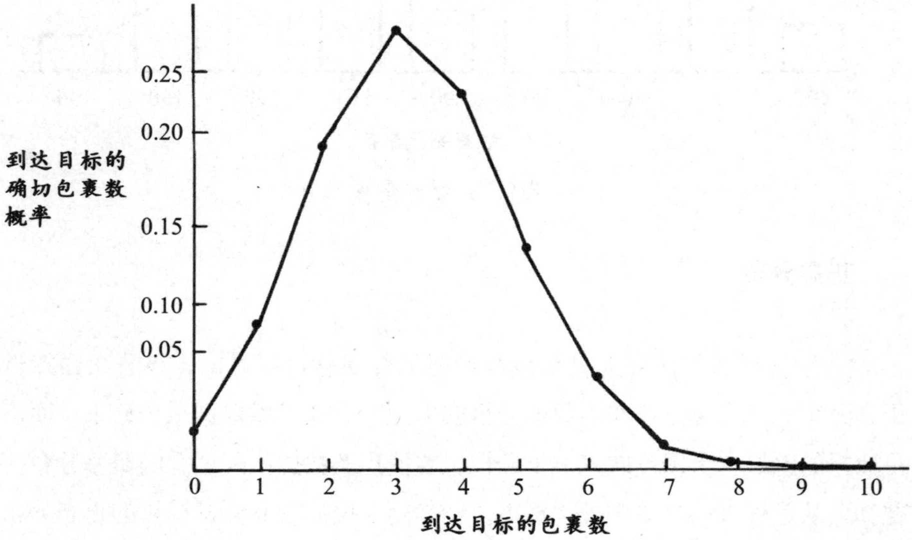

图9.8　二项式分布实例

投送到至少 5 群目标人群的概率只有 0.21，即 1/5 的概率，这样的简单分析既没有考虑总体人口数量，也没有考虑目标人口数量。如果假设的任务目标是使物资送到至少 50% 的目标人群，总体人口数量就是一个重要的考虑因素。

指数分布

指数曲线可以准确描述一个无限数量事件发生的可能性。例如，飞机到达航母的时间间隔可以称为一个事件，如果两架飞机同时到达，它们到达的时间间隔就是零（0），因此：

事件 1（到达时间间隔）= 0

如果另一架飞机两分钟后到达，那么：

事件 2（到达时间间隔）= 2

有些情况下，例如实施空中打击后，通常多架飞机会同时飞抵航母上，因此，最常见的事件值（到达时间间隔）是零（0）。那么在描述飞机到达概率的分布图中，最常见概率值为（0），到达时间间隔为 1 分钟的情况不大可能，5 分钟更不可能。信息传输持续时间也可以称为一个事件，信息传输的持续时间通常很短，不大可能持续 3 分钟，更不可能持续 6 分钟；指数分布可以很好地描述信息传输的持续时间。

指数分布还可用于描述武器的使用寿命。例如（如图 9.9 所示），一个批次的所有无线电发报机在出厂前经过检验均使用正常，1 年后大部分仍可以使用，但是 4 年以后可以使用的就为数不多了（如果不加以修理的话）。

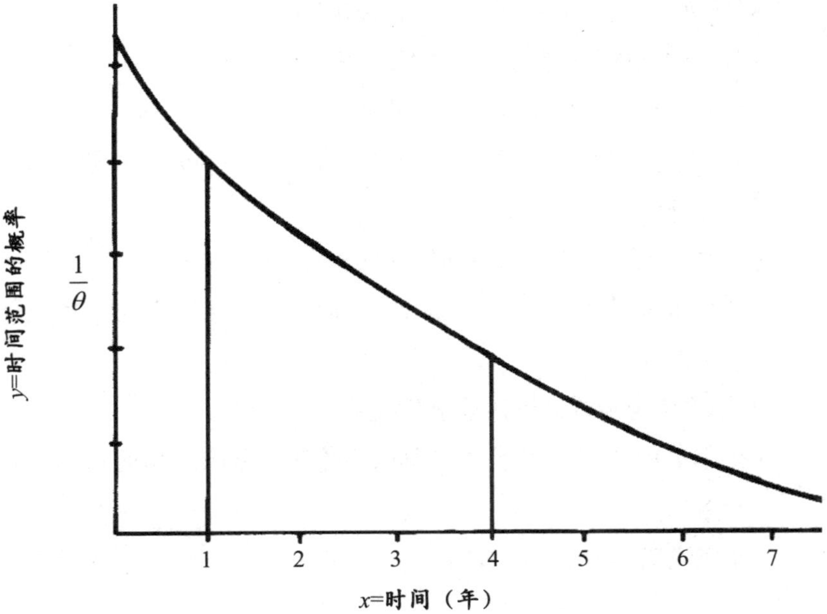

图9.9 指数分布实例：发报机使用寿命

选择哪一种分布取决于所要描述现象的特征。例如，持续时间通常用指数分布来描述，而能力划分则用正态曲线来描述。概率分布是强大的预测工具，因为它们告诉研究人员某一事件的哪些值最可能发生。这些简要描述的意图不是教大家如何创建或发展这些分布，而是描述可能与某个问题密切相关的分布类型。

六、小　结

- 统计学是研究大量数字数据的搜集、分析和推断的科学。
- 定量数据不一定需要进行统计分析。有时，简单的数学公式就足以进行定量分析。
- 描述统计可以使分析人员建立一个数据分布图。描述统计包括：
  - 频数分布（或数值曲线图）；
  - 柱形图（以条形图显示的频数分布）；
  - 数据的集中趋势量数：平均数、中位数和众数；
  - 数据的分散或分布量数：标准差、变异系数及其他。
- 抽样理论使我们可以基于对总体很少一部分的分析而形成对总体特征的把握：
  - 两种常见的抽样方法是随机抽样和分层随机抽样；
  - 随机抽样的优点是，它可以使我们推断样本具有与总体类似特征的可能性。
- 概率论为推断统计提供数学基础：
  - 概率论使我们可以形成“理想”的数据分布，从而可以把它与实际数据分布进行比较；
  - 举例说明三种常见的数据分布：正态曲线、二项式曲线和指数曲线。

[第十章]

描述性分析方法

如前所述，描述性和预测性研究是两类主要的情报分析和研究活动。正如区分描述和预测没有意义一样，区分描述方法和预测方法也同样如此。回想起来看，严格地讲，**预测性研究**这一术语应限于那些建立和验证概念模型的活动，用于解决未来问题。但为了建立模型，就必须首先描述用于模拟的现象。简言之，描述是所有情报研究的基础。

本章和下一章探讨各种用于或可用于战略情报生产的方法。本章主要讲的是用于描述或分析目的的方法，下一章主要讲用于预测目的的常见方法——尽管这些方法基本上是描述性的，下一章有些方法还涉及建立概念模型。严格地讲，通过建立、验证和应用这些概念模型来解决各种问题，使其具备了预测研究的特点。下一章讲到的其他方法可能既适用于描述研究，也适用于预测研究，但它们更多用于预测。[1]

关于如何将各种方法具体用于解决各类情报问题的做法，并不在本章和下一章讨论的范围之内；原因在于，要充分地描述任何一种方法，可能都需要一整本书的篇幅。就这一点而言，本章和下一章应该是对各种具有

---

[1] 原注：下一章中被称为“多元未来的产生”(The Generation of Alternative Futures)的方法就是一个例子，此方法不涉及任何建立和验证概念模型，其结果是呈现（描述）未来可能存在的场景，一旦某些事件发生，这些场景就会出现。但是，这种方法针对的是与未来有关的问题，而不是描述当前的情况。

代表性的方法的综述，至于每种方法具体如何应用，可参考引用的文献。

一、类比：一种常用的分析模型

情报分析中应用最广泛的工具之一就是类比。类比是构建很多预测模型的基础，是很多假说的基础，并且不管正确与否，类比也是概括现象另一面会做什么及怎么做的基础。简言之，类比可用于分析两种事物的**实际共性**或**假设共性**。在前面所举的一个例子中，分析或研究人员会推断，由于两种飞机具有很多共同点，因此它们的设计目的也应该相同，即用于履行类似的任务。这种推理方法如图 10.1 所示。

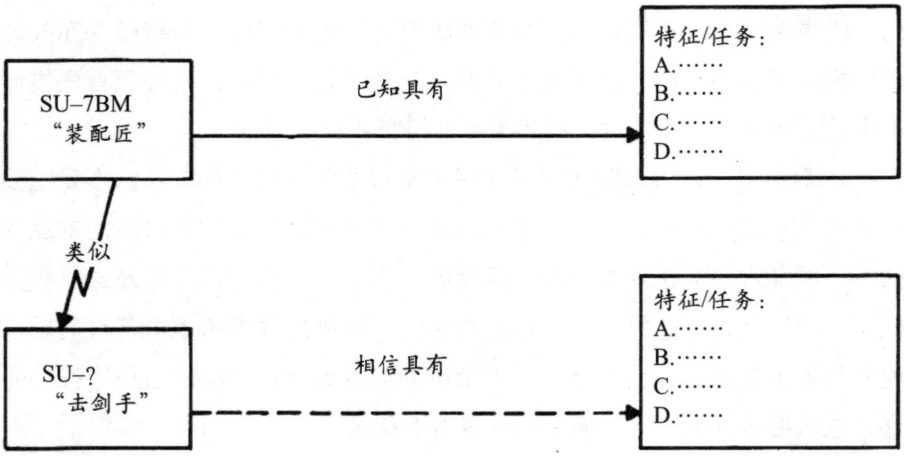

图10.1　基本类比模型

类比方法的效果各异，主要取决于我们对两个对象、事件或状态之间的共性了解多少。除了表面的外部共性，如果我们还知道两种飞机使用类似的发动机，知道一个发动机的性能特点，就可以比较可靠地推断出“未知”飞机的性能。该论证的有力性在于这样一个事实，即飞机的性能在逻辑上取决于其发动机的性能。正是由于我们能够建立因果关系或特质和性能之间的不变关系，我们才能最终决定类比的效果。

在基于相关特质推断未知飞机性能的实例中，其论证过程如图 10.2 所示，基于类比的推断的关键应该围绕可用于建立共性的基础。基于类比的论证的“说服力”在于它可以建立起什么样的联系（或“形成关联”），如果某个已知状况和某个具体结果之间联系紧密，那就提供了一个很好的基于类比形成关联的理由。但基于类比的推断的一个重要组成部分是，我们还需要考虑两种现象在状况、特质、特点等方面的**不同之处**。情况很可能是，不同之处如此之多，即使确实存在共性，也已经微不足道了。

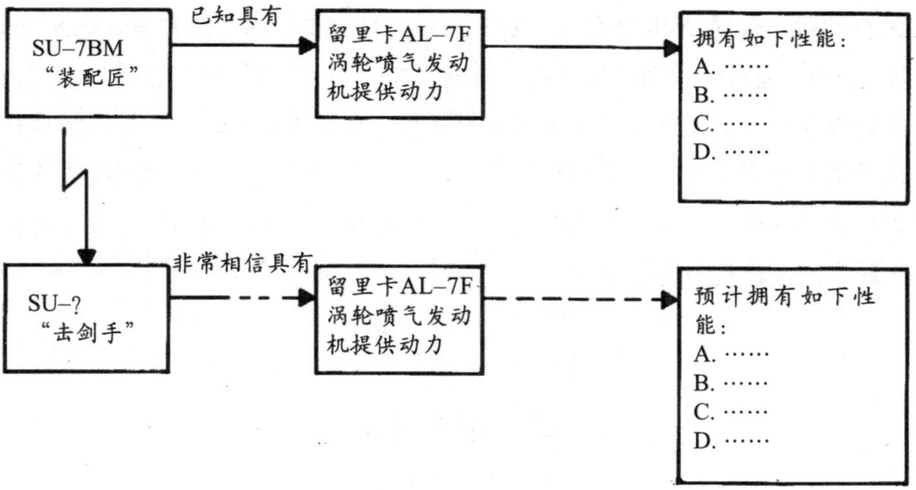

图10.2　强类比模型

类比广泛应用于多种情报分析，从军事情报、政治情报到商业情报。例如，美国主要汽车制造商一看见对手的汽车模型出现在样品陈列室，马上就购买回来，拿到实验室进行彻底的系统拆卸。接着对每一个零件——无论其看起来是否显眼，进行严格的估价，再把所有零件的价格加起来，就可以代表生产一辆车的材料成本。在此基础上，加上企业的一般管理费用、劳动力成本以及利润率——利润率在该工业系统内大体一致。然后基于类比进行推理，即假定生产商生产或购买零件的费用与另一生产商使用同样零件的费用相同，那么这些主要汽车制造商就可以估计出对手生产单位产品的费用，是否采取了某些节省费用的措施，以及每个单位产品的销售利润是多少。

该例（也是一个类比）在战略情报中的应用也不难想象，但是在情报生产中，该问题难在如何建立货币的对等关系。通用汽车、福特汽车和克莱斯勒公司使用同样的货币，但是，要确定人民币或卢布与美元的兑换率却是两码事。

类比可以是经济类比（如刚刚所举的例子）、实体类比（如飞机性能比较的例子）或者历史类比[见下一章，马克斯·冯·霍夫曼（Max von Hoffman）通过分析两位俄罗斯将军的早期行为来预测他们以后的行为]。类比推理在经济情报和科技情报中很常见，在政治情报、人物传记情报和武装部队情报工作中使用相对较少。这一方法非常有用，但使用时需要谨慎，我们往往会因为发现现象间的一些表面相似性而兴奋不已，很容易就忽视了同样存在的明显差异。

二、联系分析

联系分析（link analysis）是明确事物关系的分析方法，起初应用于人为因素研究，后来也用于分析社会问题。运用该方法时，需要制作一个关联矩阵（association matrix）和一个基于该矩阵的联系图表。例如，图 10.3 为基于各种情报报告的关联矩阵，该矩阵显示了多个人物间已被证实的和疑似的关联。其中，实心圆代表强联系（已被证实的关联），空心圆代表疑似的关联。（没有圆代表没有已知或疑似的关联。）

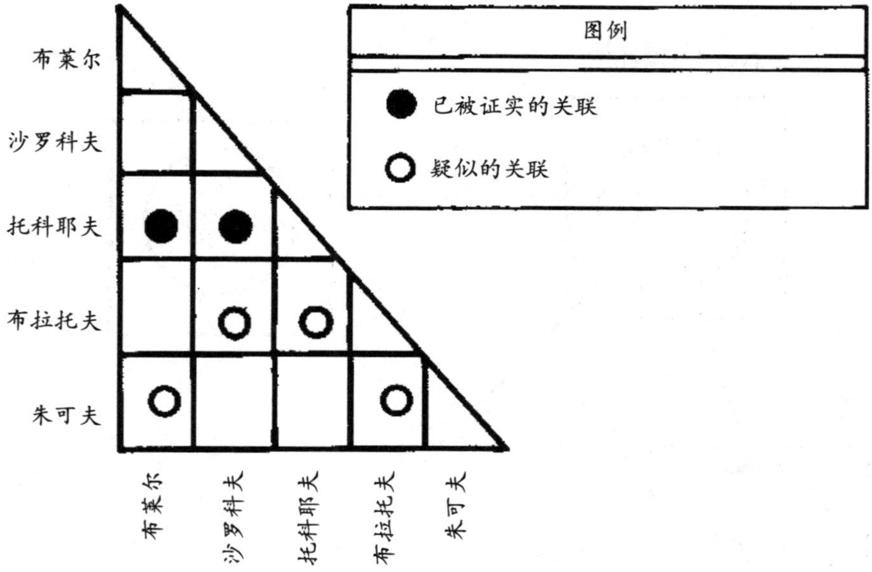

图10.3 关联矩阵

在此矩阵的基础上，可以绘制一个联系图表（如图 10.4 所示），实线代表强（或已被证实的）联系，虚线代表弱（或疑似的）联系；没线则代表没有建立任何关联。如果在人员关系上再附加组织机构，该联系图表的作用将得到进一步加强（如图 10.4 所示）。

联系分析可用于构建推断出的组织结构或互动结构，并可在将来被检验。该方法对于建立假说十分有用，可用于解决各类情报问题，包括武装部队情报（如作战序列）、政治情报和社会情报。

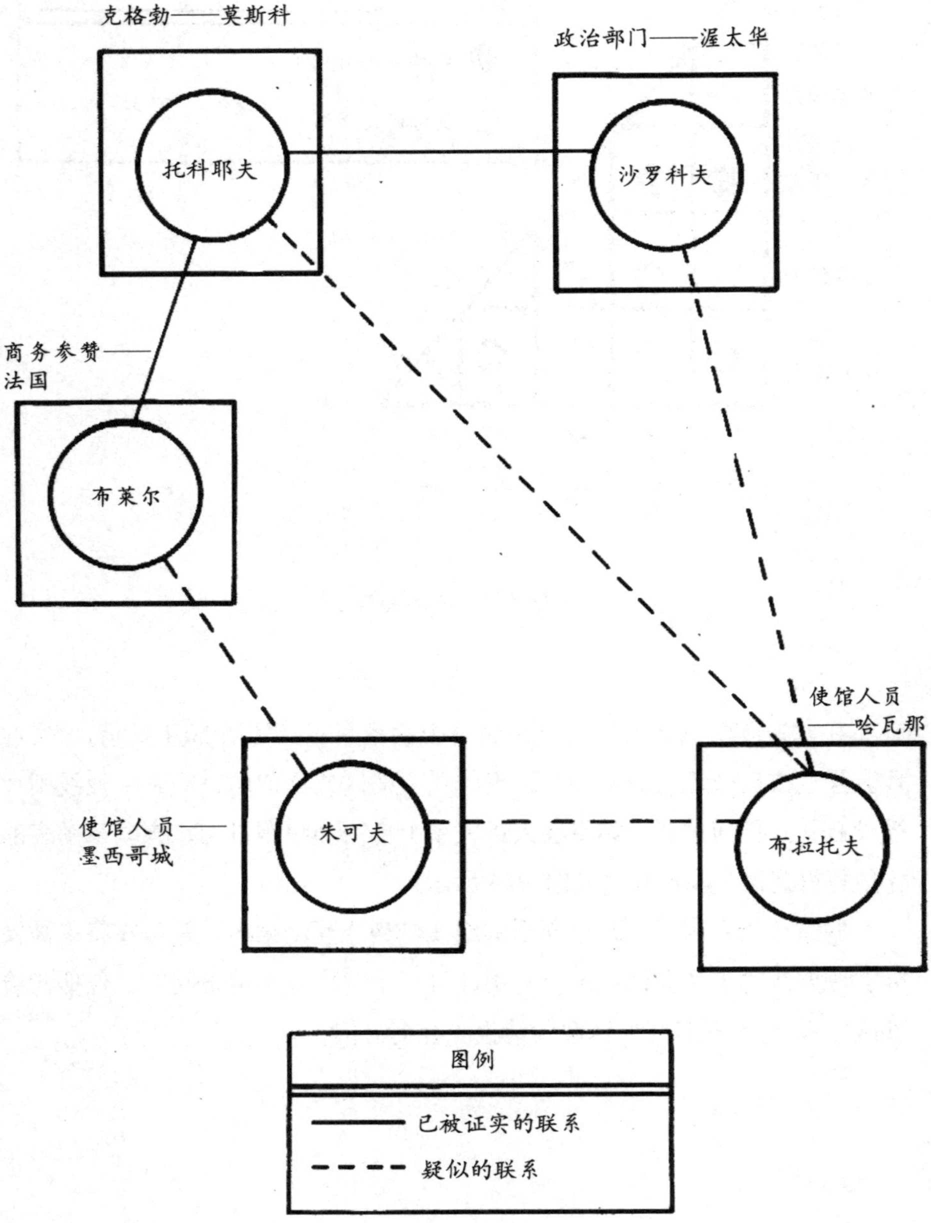

图10.4 组织及人员关系图

三、社会关系计量学

社会关系计量学是一种形象描绘某一群体内部结构关系的方法，可用于解决社会心理学问题。组织图（organizational chart）可以描述一个组织内部的正式关系，但它无法显示哪个人与哪个人进行了实际交谈。社会关系计量描述（社会关系分析图）可以确切揭示实际的交流互动路线的模式。如果可以接近某个人群，就可以直接通过观察测量他们的交互程度，或者采用对人群成员开展问卷调查的方法加以测量；但是，情报分析或研究人员尤其感兴趣的人群往往是研究人员很难接近的人群。因此，一些比较传统的测量方法无法应用。

一种简单的社会计量方法，可以是计算某位政府官员在一次正式招待会上与其他官员的交流情况。（但应该知道，这一行为的社会关系分析图的价值存在疑问，因为正式招待会这样的场合往往存在假象，重要人物可能出于礼节与一些不重要的人物进行交谈。）另一种简单的社会计量方法是，计算某些人名在国家监督的媒体中出现的次数，当然还应考虑媒体对待人名的方式，即正面还是负面的报道。这类分析假定，人名出现或提到的次数与其重要性存在直接相关。

在行为可被观察的情况下——如研究人员对通信量的分析——记录谁和谁交流以及谁先发起交流，可以如图 10.5 所示记录下观察到的信息。

在图 10.5 中，观察到的信息在发送者和接收者矩阵的交叉点首先以对勾做了标记，这些对勾在第二个矩阵中转变为 1 和 0。

如果要用矩阵乘法来确定各发送者和接收者之间的间接联系次数，这种表示很有必要。例如在上例中，如果使矩阵形成方形，那么新矩阵的联系元素（a'_{ik}）将是：

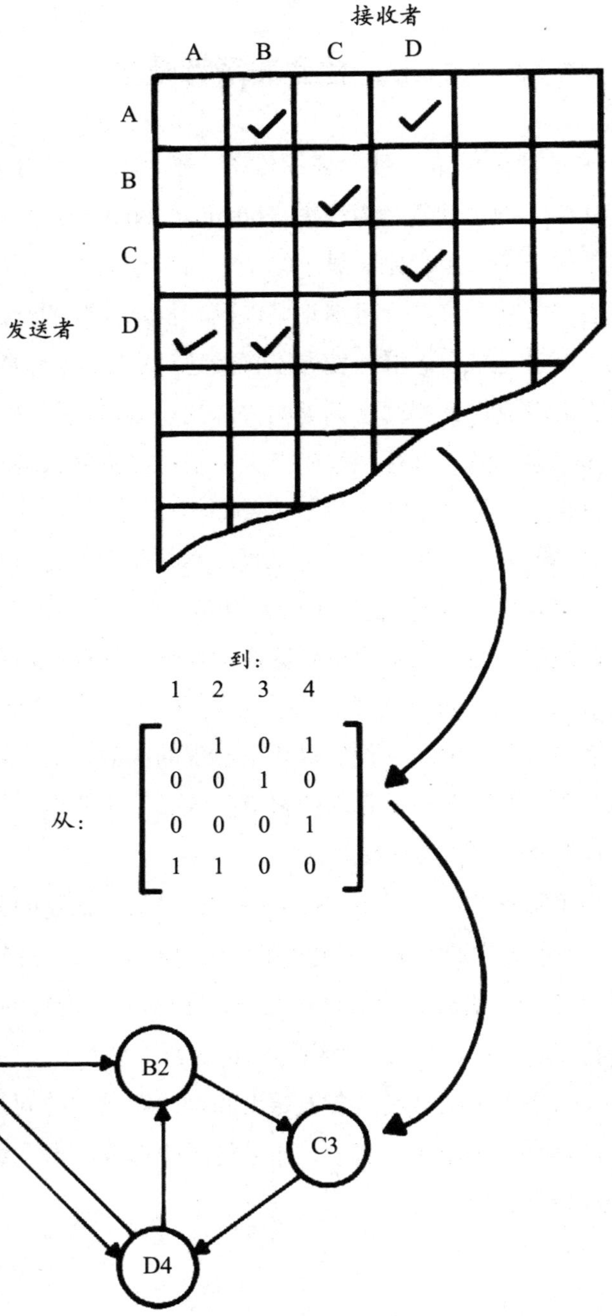

图10.5　观察结果转变为社会关系分析图

$$a'_{ik}=\sum_{j=1}^{n}a_{ij}a_{jk}$$

如上所示，元素 $a_{i'2}$=0 × 1+1 × 0+0 × 0+1 × 1=1。也就是说，元素 1 和元素 2 只有一次间接联络。（元素 4 充当中间联络，即 1 → 4 → 2，但是通过检查可以发现，元素 1 和元素 2 之间还有一次直接联络。）

当然，这一举例比较简单，它们的联系可以毫不费力地直接从社会关系分析图中确定。但是，如果元素数很多或者分析人员想要确定各元素间的不同联络程度，矩阵乘法将十分必要。

另一简单的社会计量方法是，基于某个人与领导的亲近程度评估这个人的重要性。

社会计量方法可用于分析政治情报、社会情报和军事情报（如作战序列、交通分析），还可用于分析人物传记情报。

四、博弈论

博弈论是关于决策参与者处于冲突或竞争环境时的理论。在竞争环境下，每个参与者试图“对行动施加影响”，以便使事情的结果对自己最有利。博弈论使决策者能够根据每个参与者的可选方案和每个方案可以实施的“法则”，选取一种最佳行动方案。最佳行动方案指的是，使该参与者的成功概率最大化而失败或损失概率最小化的方案。

根据比赛的次数和结果的特征，可以对博弈进行分类。根据比赛结果，博弈分为零和博弈与非零和博弈。零和博弈指一方完全“赢得”而另一方完全“失败”（与“赢得”等值）的博弈。如果用现实中的冲突形势来解释博弈理论这一术语，无条件投降便是零和博弈的一个例子，而“协商解决”则是非零和博弈的一个例子。

决策者、裁军谈判者、计划制订者和战场指挥官都可能采用某种形式的博弈论。例如，当战场指挥官要对形势做出估计，然后选择适当的行动方案时，会使用博弈论。对形势的估计可以通过数学上的矩阵表现出来，但在战场上很少这么做；数学描述的优势在于它有时可以使最佳策略显而易见，而如果不使用数学描述，人们就可能注意不到。

一个关于各种策略运用及其获益的基本实例可参见以下矩阵图（如图10.6 所示）。蓝方可用的策略和获益见横行所示，红方可用的策略和损失见竖列所示。在图 10.6 中，策略 1 对于蓝方可能产生的获益是 7 或者 5，而策略 2 可能产生的获益是 5 或 3；从最大获益的观点来看，策略 1 更有利于蓝方。但红方同样可以影响事情发生的结果，例如，如果红方选择策略 1，就会损失 7 或者 5；但是，如果选择策略 2，其损失就降为 5 或 3，策略 2 显然更有利于红方。在策略 2 中，红方的损失不会超过 5，甚至还可以低至 3。

		红方	
		策略 #1	策略 #2
蓝方	策略 #1	7	5
	策略 #2	5	3

图10.6 双人博弈矩阵举例

本例中，最有利于双方的选择方案应该是将蓝方的策略 1 和红方的策略 2 结合起来，这样既可以保证蓝方的获益至少为 5，也可以保证红方的损失不超过 5。如果一个值在横行中为最小值，在竖列中为最大值，该值就称为鞍点（saddle point）；在冲突条件下，鞍点是谈判中双方均能获得最大利益的点。如果该获益矩阵实例中包含其他值（如图 10.7 所示），鞍点就不存在；在这种情况下，每个参与者都应采取混合策略，即在一定时间比例内只用一个策略，以使其获益最大化而损失最小化。

		红方	
		策略 #1	策略 #2
蓝方	策略 #1	7	3
	策略 #2	5	6

图10.7　无鞍点双人博弈矩阵举例

参与者采用一个策略的时间比例可以通过以下方式算出。（1）每个参与者算出采用每个策略获益的绝对差（absolute difference）。对蓝方来说，|7–3|=4，|5–6|=1；对红方来说，|7–5|=2，|3–6|=3。（2）求每个参与者的获益绝对差的和。（3）每个参与者计算每个策略所占的比例，并将该比值分配到替代策略上。因此，蓝方应分配给策略 1 的时间比例是 1/5，策略 2 的时间比例是 4/5。相反的，红方分配给策略 1 的时间比例应为 3/5，策略 2 的时间比例则是 2/5（如图 10.8 所示）。

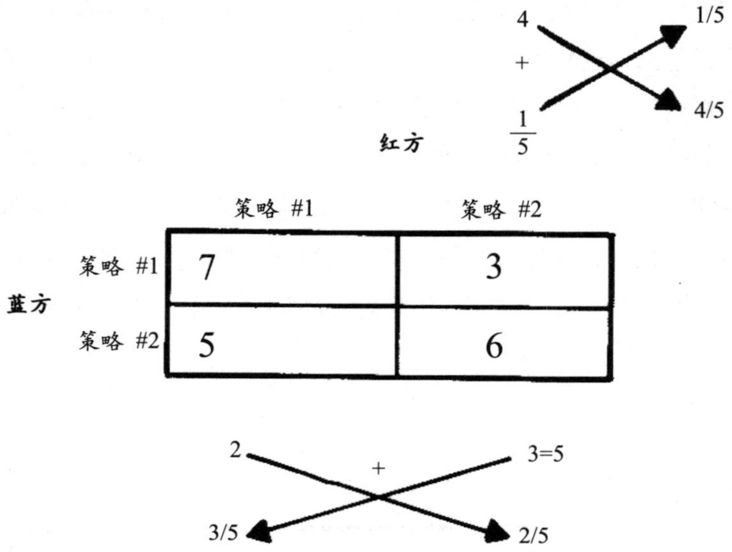

图10.8　使用混合策略的获益分析

假如蓝方总希望获得最大获益而红方总希望它的损失最低，蓝方的期望获益可通过将竖列 1 中的值乘以其每个策略的时间比例，也就是用以下方程算出。

$$\frac{(7\times1)}{5}+\frac{(5\times4)}{5}=\frac{27}{5}$$

竖列 2 的运算如下，与竖列 1 结果相同。

$$\frac{(3\times1)}{5}+\frac{(6\times4)}{5}=\frac{27}{5}$$

同样，红方的预期损失也可这样计算出来，见以下两个方程。

$$\frac{(7\times 3)}{5}+\frac{(3\times 2)}{5}=\frac{27}{5}$$

和

$$\frac{(5\times 3)}{5}+\frac{(6\times 2)}{5}=\frac{27}{5}$$

由于这是一个零和博弈，从长远来看，红方的损失和蓝方的获益是相等的。采用混合策略解决问题时，要实现上述计算的博弈获益，就必须随机抽取每一个策略。

对于不熟悉博弈论的读者来说，一个看似简单的博弈竟然变得如此复杂，难免有些令人惊讶。例如，在“猜拳”游戏中，两个游戏者出 1、2 或 3 根指头，同时猜测对手会出的指头数，每个游戏者有 9 种选择策略，双方的获益把握均为 81。[1] 在“演习”中，一架满载各种电子设备的飞机被派去（象征性地）追赶另一架装载各种电子探测器和火控装置的目标，可选策略和获益的组合（即使飞机在不被发现情况下，优化其到达目标的各种机会的组合）结果如此之多，以至于要找出最佳组合，可能需要借助计算机进行运算。正因为如此，一些重要的军事演习常会运用到计算机。

博弈论涉及很多数学运算，其创立者约翰 · 冯 · 诺伊曼和奥斯卡 · 摩根斯坦的初衷是解决经济领域中的冲突。但自从他们的著作《博弈论和经济行为》[2] 出版后，博弈论也被用于解决军事和政治冲突。解决政治和经济问题最受欢迎的基本非数学博弈论方法也许在托马斯 · 克罗姆比 · 谢林所著的《冲突的战略》[3] 中可以找到。博弈论是涉及冲突（比如军事演

[1] 原注：每个参与者都有 9 种策略，因此，可建立一个由 9 行 9 列组成、共 81 个获益方形的矩阵。

[2] 原注：John von Neumann and Oskar Morgenstern, *Theory of Games and Economic Behavior* (Princeton: Princeton University Press, 1947).

[3] 原注：Thomas C. Schelling, *The Strategy of Conflict* (Cambridge, MA: Harvard University Press, 1963).

习）的模拟的基础。尽管博弈论本身不是一种预测方法，但它的应用的确可以帮助研究人员预测适合每个游戏参与者的各种策略。假如所有游戏参与者都非常理智，并且会选择极小极大解——使损失的可能性最小化而成功的可能性最大化的解决方案——博弈论可作为基础来预测一定冲突条件下的结局。

五、军事演习

军事演习是在冲突环境中交替使用各种战术和策略的实验。[1] 演习的参与者经常会用到博弈论，但博弈论和军事演习并不是一回事。博弈论涉及的是选择各种最佳策略的方法，军事演习涉及的则是如何针对冲突环境下的各种局限而采用不同的策略。总而言之，博弈论为军事演习提供理论基础，我们还可以在演习之外的其他情况下使用博弈论；同时，无须对结果进行数学分析，军事演习同样可以进行。

讨论军事演习时会使用到三个术语：**比赛**、**模型**和**模拟**。简单地讲，比赛指的是按照规则进行的一场竞争，其结果取决于技能、实力或机会；比赛主要是一些虚拟的代表性冲突，其中不会有人员伤害，但人们可以得到一些经验。模型代表的是一个对象或过程；例如，伪装物是真实武器的模型，流程图是过程的模型。最后，模拟指的是对过程的动态模仿；换句话说，模拟是动态的模型。

军事演习可以按照其深度进行分类。部队在山地实施对抗和交战的实地演习代表军事演习这个连续体的一端，计算机模拟对抗代表该连续体的另一端，处于该连续体中间的是任何数量的现实和虚拟相似体的组合。指挥所演习（CPX）可以看作军事演习，但除了设有指挥所，并没有对所隶

[1] 原注：作为术语，军事演习在这种情况下包括任何类型的冲突模拟。根据此定义，政治、经济和技术的冲突模拟，如同我们更为熟悉的军事冲突模拟或军棋游戏一样，是军事演习的各种不同形式。

属部队的实际调遣。演习中的“敌人”可能是实施“侵略”的人，或者仅仅是写在纸上或显示在电子屏幕上的部队标志符，及用数字表示的参加者的实力。演习的结果可以由地面演习评判教官作出决定，他通过观察演习行动，然后公开给出客观的评价；还可以根据一些理论模型（最好是经过验证的模型），通过对各种变量的数学调控得出结论。

一场演习的性质通常会决定演习设计步骤的性质。例如，演习可以是人与人之间的演习，会涉及部队的实际调遣；它也可以是一次计算机辅助的演习，可能是在地图上进行，计算机行使与演习相关的任务——像打分、采用技巧和计时的任务；它还可以是人机间的演习，机器根据所提交的数值、所使用的战术和战略以及所编入计算机的作战规则，作出评估和给出结果。

在第一种演习中，会预先准备相关想定并交给演习参与者，想定可描述作战双方（或多方）的总体形势，也许还包括总体作战序列和各自的任务以及演习规则。收到总体规划后，部队就会奔赴战场，反方部队的随行演习评判教官会进行打分、所采用技巧和其他手工记录工作。计算机辅助演习和人机演习则需要提前准备一系列代表冲突中的各个子元素的数学和逻辑模型，如一个地对空导弹模型或反潜战模型等。开展这类演习需要进行一系列步骤：(1) 界定获取的行动；(2) 按照重要性识别和区分各种变量；(3) 识别和量化变量间的关系；(4) 设计模型（首先以流程图形式），然后将模型转变为计算机指令；(5) 详细规定这些模型的使用利弊，就此进行计算机编程；(6) 搜集实际数据以获得这些变量的现实数值和证实数据的有效性（即判断模拟冲突能否产生与真实冲突环境下同样的结果）。

涉及国际冲突的军事演习就算不需要几年，也需要几个月的准备时间，为的是开发出整合冲突中无数子元素的模式，如军队、政治和经济因素及其相互作用。军事演习的典型特征是越来越全球化，因而也更具有笼统性，因为仅仅开发一个一般的非主要冲突元素的费用就相当昂贵。并且，演习本质上越来越复杂，需要整合无数的子元素。

至于军事演习的预测价值，之前关于博弈论应用的讨论在这里也适用：军事演习只能够决定一个事件在给定的变量及其使用规则的情况下，该事件发生的统计概率。在海军战争学院进行的一次为期一周的军事演习中，演习的结果取决于蓝方部队发现红方地面部队，但蓝方的侦察机没能发现红方部队，于是，在接下来的战斗中，蓝方“战败”。那些既能看到红方和蓝方，又能看到主显示屏（演习参与者看不到）的人发现，上述关键的单机侦察飞行的成功取决于模拟计算机的一次操作，而仅仅靠执行一次计算机程序（或类似于掷骰子）几乎无法使人坚信红方的部署和战术就优于蓝方，但它的确使人认识到了那次侦察任务的重要性。

然而，军事演习通过找出哪些变量对演习结果产生重大影响，可以起到极好的诊断作用。除了作为训练机制和研究工具的价值，军事演习还用于评估各种行动方案，以便得出关于计划和政策的结论。[1]

六、线性规划

目标有时可以表述为以尽可能少的投入或风险达到尽可能多的赢利。例如，一个投资者想要从他的投资中获得尽可能多的美元收益，一个生产商想要以最少量的材料生产出尽可能多的设备，一个购买者则想以最少的资金购买到最多或最好的商品。线性规划是一种可以使我们找到满足目标（目的）的最大或最小化点（最佳点）的方法。

几乎所有作业（或机构）都存在时间和资源使用的有限或局限性，如果每种局限都可以用一个线性方程 [方程（1）] 表示，就可以应用线性规划来找到一个最佳解决办法。

$$y = ax+b \tag{1}$$

[1] 原注：Clark C. Abt, “War Gaming,” *International Science and Technology*, August 1964, pp. 29–37.

例如，一位心理战部队指挥官正在操作其战略无线电广播设备，他可以使用线性规划，以便在某些操作受限环境下获得最大数量的潜在收听者。他的基本目标是使尽可能多的目标听众收听评论，因为心理战“信息”会在该评论中播出。但是他明白，赢得和抓住目标听众注意力最好的方式是播放古典音乐和流行音乐，因此，评论应该插播在音乐中间。

如果一个广播日由音乐播放时间和评论播放时间交替组成，每种广播的合适时间比例可以通过解一道简单的线性规划题得到答案。首先，作战军官记下他的一个播出日时长为 12 小时，这 12 小时要播放两种广播。广播日的计算用方程（2）表示，其中 x 是每天的评论播放时间，y 是音乐播放时间（如图 10.9 所示）。

$$12 \geqslant x + y \tag{2}$$

该节目日的另一个限制规定是，每小时的评论播出时间必须不少于 5 分钟但不超过 10 分钟。要将这些限制规定绘制出来，就必须将它们转化成同样的单位（小时）。描述这些规定的两个方程分别为方程（3）和方程（4），每小时播出 5 分钟就等于每 12 小时播出 1 小时，每小时播出 10 分钟等于每 12 小时播出 2 小时。

$$x \geqslant 1 \tag{3}$$

$$y \leqslant 2 \tag{4}$$

最后，准备广播报道的工时也有限。每天的工作时间为 18 小时，其中准备 1 小时音乐需花费 1 个小时，但准备 1 小时评论需花费 5 个小时（事实上，每小时广播的准备时间为 15 个小时左右，但一般认为每条信息要播 3 遍）。计算这一限制的方程是方程（5）。

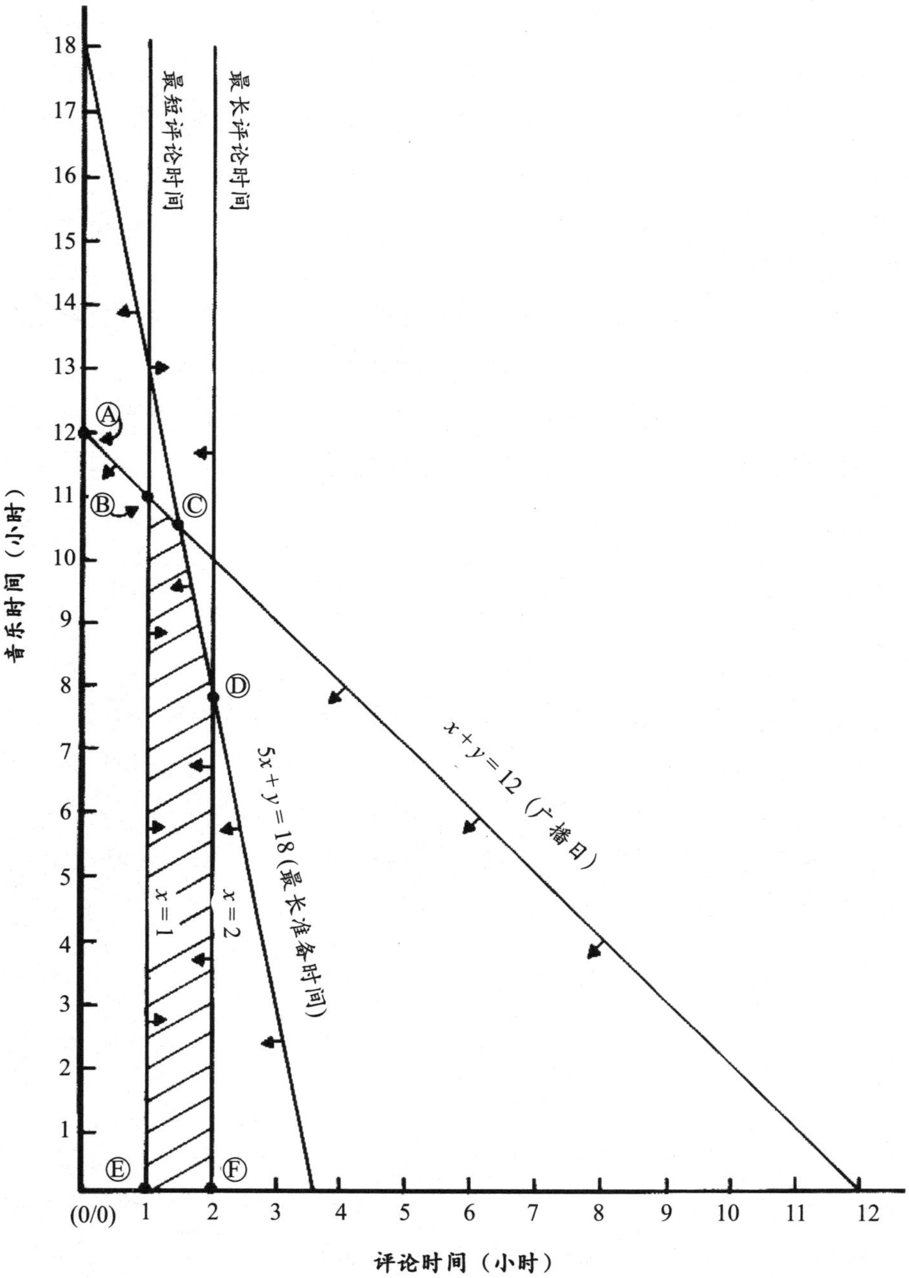

图10.9　受限条件下的最优规划图

$$18 \geqslant 5x + y \tag{5}$$

在明确所有限制条件后，它的最初目标必须以共同的单位来表示（此处是小时）。由于本例的目标是使尽可能多的听众收听本台节目，就必须考虑到什么样的节目吸引听众；本例中，一般认为音乐吸引并抓住听众的能力是评论的 20 倍。[1] 因此，听众总人数应该为评论播放时间加 20 倍音乐时间，然后两者乘以一个常量函数，即：

$$N = k(x + 20y) \tag{6}$$

目标函数的容许解决方案点是那些落在所有限制条件上的交汇点。例如，多边形阴影区内的所有点及 B、C 和 D 点（如图 10.9 所示），是容许的音乐和评论节目的交汇点。C 点在线 $x+y=12$ 上，即用完所有 12 个小时的节目；它还在线 $5x + y = 18$ 上，即用完所有 18 个小时的工时。C 点还落在规定的每小时 5 到 10 分钟评论的范围内。

相反的，位于 A 点并不是一个有效的解决方案，因为没有分配任何时间进行评论，因此，违反了限制条件 $x \geqslant 1$。它确实可以满足另外两个限制条件，如果放弃 $x \geqslant 1$，它将是有效的解决办法。

线性规划理论还认为，位于可接受方案多边形角上的各点是目标函数的最佳解决方案。本例中五边形的 5 个交汇点是 B、C、D、E 和 F。决定哪个点是最佳方案的唯一办法，是用方程（6）计算出每个交汇点的值（如表 10.1 所示）。

[1] 原注：这一比率并非不切实际，有些国家禁止收听外国广播，因此广播节目尽可能多地播放音乐节目，尽可能少地播放口头评论，以降低节目偷听者被发现的风险。

表10.1　5个点的 x 和 y 值

各点	x 值	y 值	$K(x+20y)=N$
B	1	11	$221K$
C	1.5	10.5	$211.5K$
D	2	8	$162K$
E	1	0	$1K$
F	2	0	$2K$

显然，N 值在 B 点（N=221K）达到最大值。因此，如果节目包括 1 个小时的评论，或者每小时 5 分钟，再加上 11 个小时的音乐节目，就实现了听众人数的最大化。B 点方案，尽管使用了一个广播日的所有 12 个小时，但并不要求有 18 个小时的准备时间；事实上，它只需 [方程（7）]16 小时工时。

$$5(1)+11=16 \tag{7}$$

本例中关于广播节目的解析比现实中的线性规划问题简单得多，但它包含了线性规划中的所有必要元素。总之，我们在应用线性规划解决问题时，必须考虑到以下这些因素：

1. 研究人员必须对某个事物进行优化（最大化或最小化）。

2. 必须考虑到不止一种产品、商品或结果。本例中的产品是一个广播日内的节目安排。

3. 用于生产商品或产品的资源必须有局限或限制条件（在本例中，限制条件包括人力限制、一个广播日的限制，以及一个广播日内评论播出时间必须为 1—2 小时的限制规定）。

4. 所有的限制条件必须能够用线性方程表示。

这个例子只涉及两种产品，但是线性规划可用于解决任何数量的产品问题，多数线性规划问题算起来复杂又费时，因此，最好的解决办法是使用计算机。美国国防情报学院的通用电气系统包含了解决线性规划问题的计算机编程。

有些优化问题涉及的限制条件无法用线性方程表示，但是可以用曲线表示。

七、回归分析与相关分析

解决问题十分重要的一点是能够识别各变量间的关系，回归分析和相关分析是研究变量间关系的两个极为宝贵的方法。回归分析是即将阐述的第一种方法，它使研究人员能够回答这样的问题："当另一个变量增加或减少时，一个变量（一种现象，如条件、许多事件等）如何增加或减少？"例如，回归分析可用于确定某一道路系统的交通补给量随着降雨量的增加或减少的变化程度。

相关分析（如本书之前所述）使研究人员能够回答这样的问题："两个变量的相关程度有多强？"例如，研究和分析人员可通过相关分析来确定，他对某一道路网交通补给负荷数量基于降雨量的评估有多少把握。尽管回归分析和相关分析经常密切关联，但它们测量的东西却不同。

为了说明回归分析和相关分析在情报问题中的典型应用，可以用一个国家的月通货膨胀率与针对政府的月暴力行为数量的关系进行举例分析。两个变量的数据（如表 10.2 所示）为连续 10 个月的统计数据，数据按时间先后排序，但需要注意的是，某个暴力行为和通货膨胀率的具体时间没有纳入统计。尽管统计这些变量的时间也许很重要，但可以采用另一种分析方法加以分析。

表 10.2 暴力行为数量和月通货膨胀率

月份	月通货膨胀率（x_i）	暴力行为/月（y_i）	膨胀率 × 暴力行为（$x_i \cdot y_i$）	膨胀率的平方 $(x_i)^2$	暴力行为的平方 $(y_i)^2$
1	0.4	2	0.8	0.16	4
2	1.6	6	9.6	2.56	36
3	2.4	14	33.6	5.76	196
4	1.6	17	27.2	2.56	289
5	3.2	14	44.8	10.24	196
6	3.6	26	93.6	12.96	676
7	3.2	22	70.4	10.24	484
8	4.4	29	127.6	19.36	841
9	4	21	84	16	441
10	1.2	7	8.4	1.44	49
	$\sum x_i=25.6$ $\mu ux_i=2.56$	$\sum y_i=158$ $\mu uy_i=15.8$	$\sum x_i y_i=500$	$\sum x_i^2=81.28$	$\sum y_i^2=3212$

如果将数据制作成图表（如图 10.10 所示）后，分析人员就可以画出一条线来代表数据之间的关系。他可以有好几种画线方法，最简单的方法是用直尺在点与点之间画一条直线，线的位置尽量接近图上的各点，但是这个方法存在不足：过于主观而不太可靠。不同的分析人员使用该方法会得到不同的结果，因此，它对于进一步分析相关度的强弱并不可靠。

绘制回归线最常见的数学方法称为最小二乘法。该方法之所以如此命名，是因为它规定该线条与实际 y 值的距离的平方和为最小。将实际 y_i 值减去预测值（$y_i - \hat{y}_i$，如图 10.10 所示）与 y 轴平行统计，得出的最终方程与任何线条的方程相同，即方程（1）；其中的 y 是预测 y 值，x 是实际值，a 是斜率（或 y 值的增长率除 x 值的增长率），b 是交点（该线与 y 轴的交点）。

$$y = ax + b \qquad (1)$$

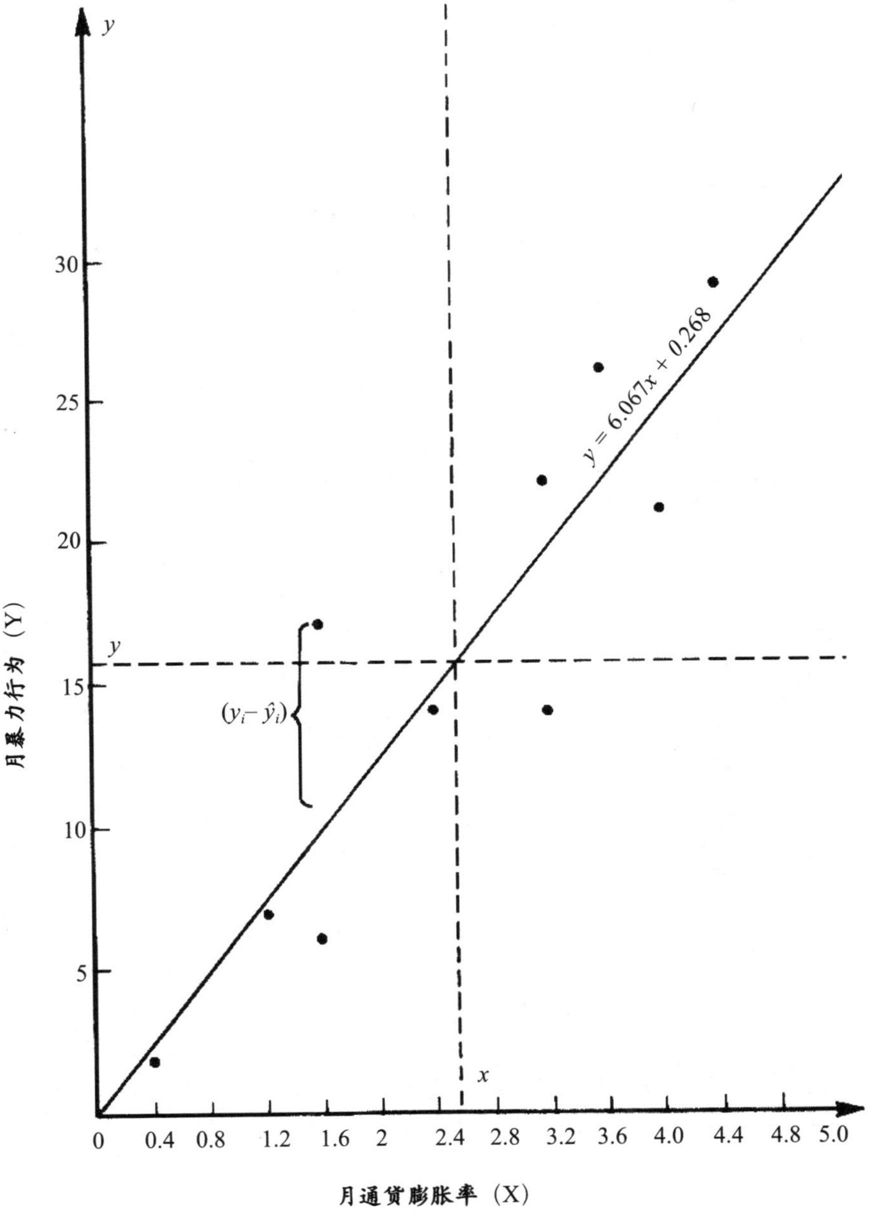

图10.10 X国暴力行为与月通货膨胀率的回归分析和相关分析

求 a 值和 b 值的方程分别为方程（2）和方程（3）。

$$\sum_{i=1}^{10} y_i = a\sum_{i=1}^{10} x_i + b \cdot n \tag{2}$$

$$\sum_{i=1}^{10} x_i y_i = a\sum_{i=1}^{10} x_i^{\,2} + b\sum_{i=1}^{10} x_i \tag{3}$$

尽管方程（2）和方程（3）看似复杂，解起来却容易。分析人员知道了所有的 x_i 值和 y_i 值，还知道 n=10（即本例中的 10 个月），就可以计算数据的总和与乘积（如表 10.2 所示）。这样，方程（2）和（3）成为包含两个未知数的联立方程，它们可以通过基础代数解出。通过进行一些必要的替代，方程（2）和方程（3）变成了方程（4）和方程（5）。

$$158 = 25.6a + 10b \tag{4}$$

和

$$500 = 81.28a + 25.6b \tag{5}$$

a 值为 6.067，b 值为 0.268，回归线方程就可以表述为方程（6）。

$$y = 6.067x + 0.268 \tag{6}$$

如果分析人员知道了 x 值，就可以用这个公式预测相应的 y 值。例如，如果告诉他下个月的通货膨胀率大约为 2.8，他就可以带入方程（7）和方程（8）。

$$y = (6.067 \times 2.8) + 0.268 \tag{7}$$

$$y = 17.2556 \tag{8}$$

分析人员使用方程 $y = ax + b$ 的目的，是根据给定的 x 值预测 y 值。如果想从给定的 y 值预测 x 值，正确的方程就是 $x = ay + b$，本方程中的 a 值和 b 值与方程 $y = ax + b$ 中的 a 值和 b 值不同。

在本讨论中，强调的是根据 x 值来预测 y 值，但从一个变量预测另一个变量并不就是说一个变量引起了另一个变量。通常，在确立一个变量的原因前，首先要分析多个变量间的关系。

通过回归方程建立关系后，分析人员也许想知道该线条对这组数据点的呈现如何。如果该线条包含了所有的真实数据点，那么可以说这些点完全相关，数据的相关系数就是 ±1.0；另一个极端的情况是，绘制的数据点图看起来像一大团云，这组数据点的相关系数是 0.0。如果一个变量增加，另一个变量也会增加，那么相关系数就为正；如果一个变量增加而另一个变量会减少，那么相关系数就为负。这两种相关都很重要。

相关系数用下面的方程计算：

$$r = \frac{n\sum xy - \sum x \sum y}{\sqrt{[n(\sum x^2) - (\sum x)^2][n(\sum y^2) - (\sum y)^2]}} \tag{9}$$

方程（9）看起来也很复杂，但是用之前算出的乘积与总和替换就非常容易了。在本例中：

$$r = \frac{5000 - 4044.8}{\sqrt{(157.44)(7156)}} \tag{10}$$

$$= 0.8999\text{或大约}0.90 \tag{11}$$

0.90 的相关系数表示相关性非常高，正如实际所显示的那样，没有距离回归线很远的数据点（如图 10.10 所示）。

如果分析人员想为 y 的估计值建立置信水平，他就必须计算该估计值的标准误差（$\sigma_{y \cdot x}$）。由于回归线周围的数据点为正态分布，可以说 68%

的实际 y 值都在距回归线上下 1 $\sigma_{y \cdot x}$ 的范围。

$\sigma_{y \cdot x}$ 的计算方程见下面的方程（12）到方程（15）。

$$\sigma_{y \cdot x} = \frac{\sqrt{\sum y^2 - b\sum y - a\sum xy}}{n-2} \tag{12}$$

因此，本例中 ：

$$\sigma_{y \cdot x} = \frac{\sqrt{3212 - 42.344 - 3033.5}}{8} \tag{13}$$

$$= \frac{\sqrt{136.156}}{8} \tag{14}$$

$$=4.125 \tag{15}$$

假如下个月的通货膨胀率为大约 2.8%，要求分析人员预测可能发生的暴力行为数量。他可以首先计算方程 (6)，确定大约会有 17 起暴力行为 ；最后，运用 $\sigma_{y \cdot x}$ 就可以指出，下个月发生 13—21 起暴力行为的可能性为 68%[方程 (16) 和方程 (17)]，发生 9—25 起暴力行为的可能性为 95%[方程 (18) 和方程 (19)]。[1]

$$17.2556 - 1_{y \cdot x} = 13.1306 \tag{16}$$

$$17.2556 - 1_{y \cdot x} = 21.3806 \tag{17}$$

$$17.2556 - 1.96_{y \cdot x} = 9.1706 \tag{18}$$

$$17.2556 - 1.96_{y \cdot x} = 25.3406 \tag{19}$$

---

[1] 译注 : 原文如此。疑为笔误，经计算，方程应该修正如下 :

$$17.2556 - 1_{y \cdot x} = 13.1306 \tag{16}$$

$$17.2556 + 1_{y \cdot x} = 21.3806 \tag{17}$$

$$17.2556 - 1.96_{y \cdot x} = 9.1706 \tag{18}$$

$$17.2556 + 1.96_{y \cdot x} = 25.3406 \tag{19}$$

历史证明，民心动荡总是和经济不稳息息相关，这个实例确实表明了数据组间富有意义的相关性。但是有时我们会发现，高度的相关性也许并不真实。[1] 有些人认为不能过分强调相关系数的价值，而认为分析人员可以给出最好的辩解，即他十分了解这些变量。

尽管这个实例中的数据组拟合为直线，但有时曲线而非直线更能描述变量关系，而用于产生曲线的数学表达式，在很大程度上比线性关系的方程式要复杂得多。

本例中只涉及两个变量，但回归分析和相关分析也会涉及三个或以上变量。例如，月通货膨胀率、每月的暴力行为数量以及大型企业的利润率都可以进行相关分析，几乎每本统计书都会讲到回归分析和相关分析。

八、作为分析辅助手段的图表

图表在印刷报告中或作为简报的辅助手段，它的价值是显而易见的，但我们也许还没看到它在数据分析中的价值。图表不只是将数字数据或文字变成图形，它常常还可以揭示变量间的关系，这些关系如果不用图表呈现出来也许并不是很明显。以下阐述的是图表在各种分析中具体应用的四个实例。

效用曲线

图表为分析提供直接帮助的一个例子是效用曲线。效用曲线常常在工商业中用于确定“收支平衡”点——例如商业投资的收益点或生产某个商品的单位成本为最低的点。在大规模生产中，生产的第一件商品往往是最贵的；随着生产件数的增加，单位产品的成本会降低，直到达到某一点为

[1] 原注：例如，许多年间，英国牛津大学神学专业毕业生数量与澳大利亚某城市逮捕的卖淫者数量几乎完全相关。

止。效用曲线可以帮助分析人员确定这些点（如图 10.11 所示）。

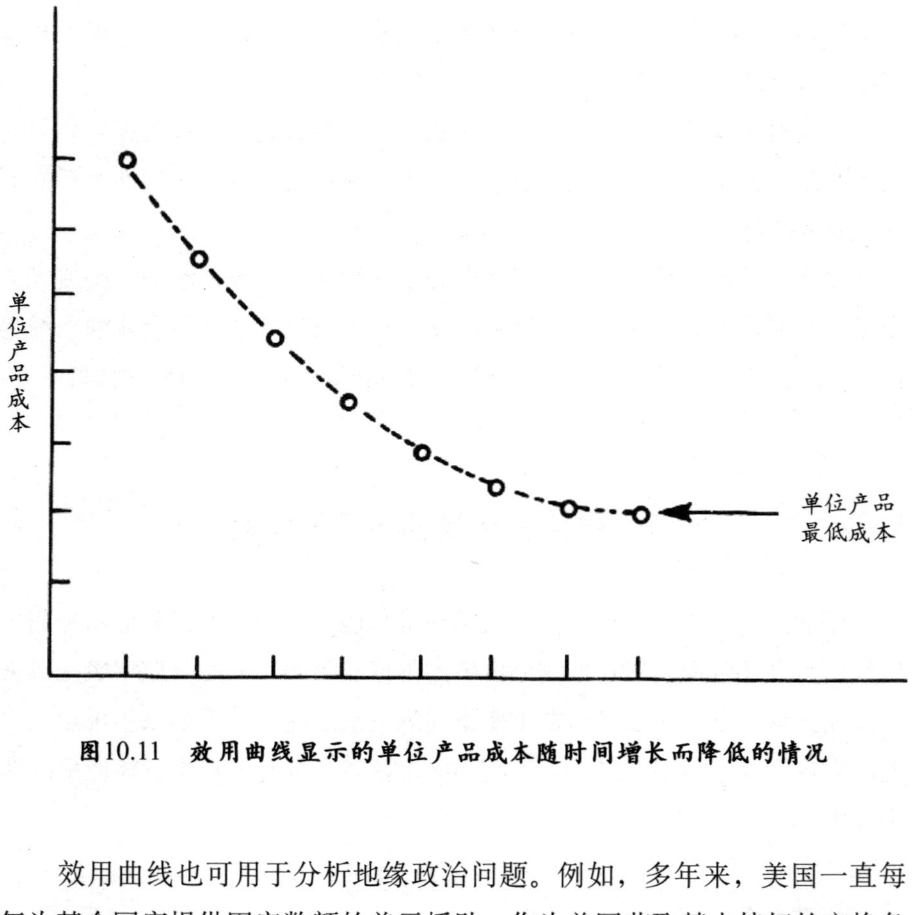

图10.11 效用曲线显示的单位产品成本随时间增长而降低的情况

效用曲线也可用于分析地缘政治问题。例如，多年来，美国一直每年为某个国家提供固定数额的美元援助，作为美国获取基本特权的交换条件，但现在，受援国开始限制给予美国的特权。如图 10.12 所示，该图描述了特权的价值与不同年份付出的定额美元的关系。所得特权的价值必须量化以与支出进行比较。总之，分析人员要将一些无形收益，如“国际亲善”或该受援国参加联盟带来的好处，转化成美元数字（当然，有时要这么做并不容易）。

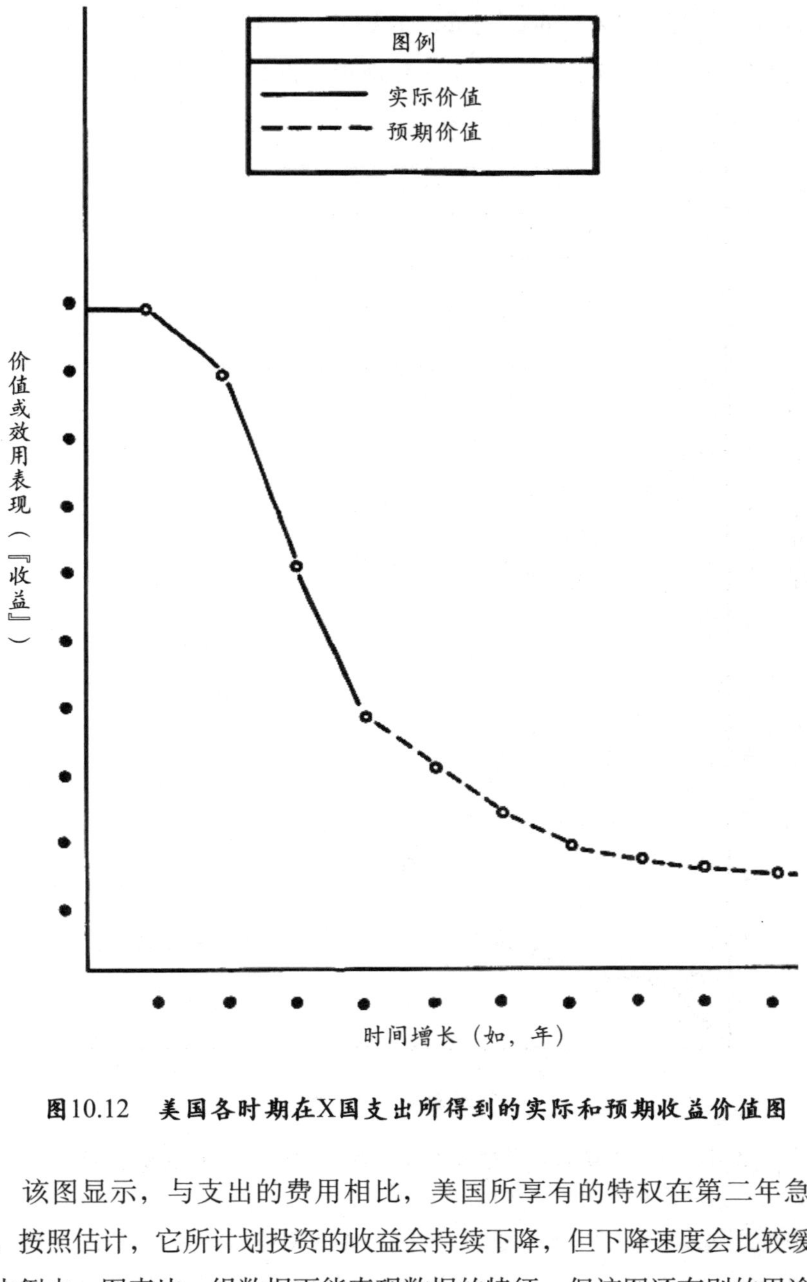

图10.12　美国各时期在X国支出所得到的实际和预期收益价值图

该图显示，与支出的费用相比，美国所享有的特权在第二年急剧下降，按照估计，它所计划投资的收益会持续下降，但下降速度会比较缓慢。在本例中，图表比一组数据更能表现数据的特征，但该图还有别的用途。

如果知道了受援国的政治和军事目的，就可以为其绘制一个类似的曲线。例如，它也许需要一定的物资来部分装备其军队，如果购买这些装备的资金大部分来源于美国换取基本特权所提供的信贷或款项，那么该国的目标进程可以绘制成图表（如图 10.13 所示）。

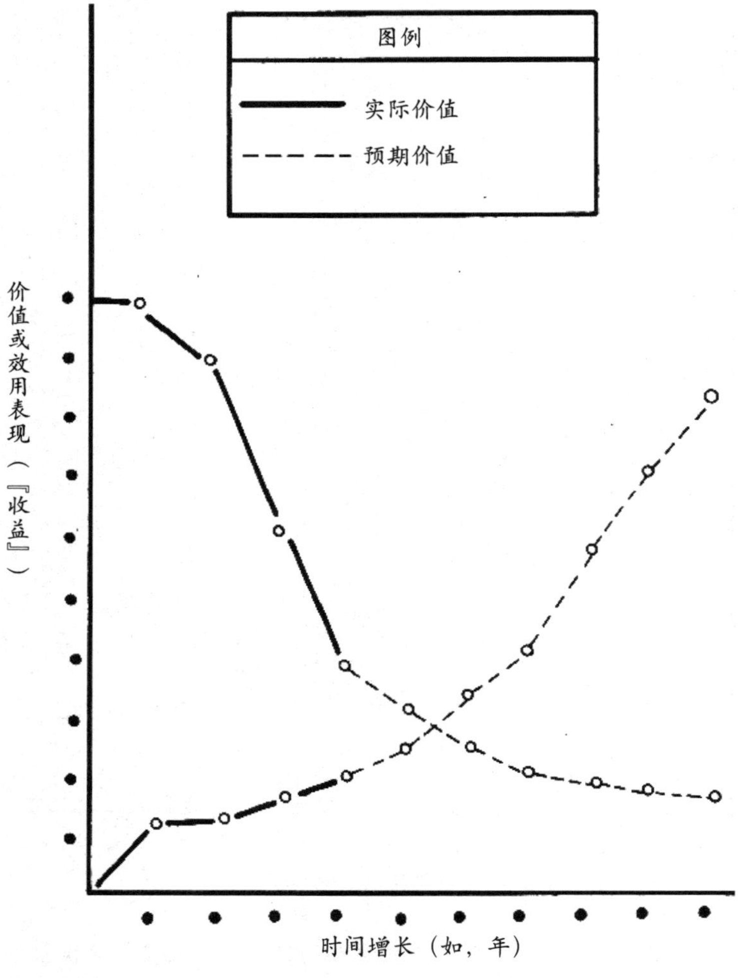

图 10.13 美国在X国支出所得到的实际和预期收益价值图

该图显示，两线相交的地方是受援国的获益（转换成美元或其他效用、能够体现其能力的获益）开始剧增的时候，该交点也代表超过了这一点，美国就认为对该国的投资不再具有经济效益。该交点至少显示，在这时谈判也许会更有成效。[1]

本例中，只表现了一个“收益”值。但这个单值代表的也许是许多单独成分的集合。通常情况下，更简单且更有效的做法是分别绘制这些成分的效用值，而不是将它们用一个值来代表。

用于比较的条形图

如前所述，数据图有时可以揭示在其他数据形式下无法显示的信息。具体实例如下：将1971年朝鲜连续两周的国际和国内广播电台的主题报道绘制成表，表格数据按主题区分，如图10.14A所示。如果将同样的数据绘制成图，则可以立刻显示出某些主题的国内报道和国际报道的时间分配不同。例如，“意识形态宣传”主题占针对国际听众节目的34%，但只占针对国内听众节目的14%。相反的，“展示社会主义成就”的主题占到国内节目的49%，但只占国际节目的18%（如图10.14A和10.14B所示）。

主题		国际报道		国内报道	
		分钟	百分比	分钟	百分比
赞扬领导人		35	3	45	3
意识形态宣传		349	34	177	14
颂扬革命		22	2	1	1
展示社会主义成就		180	18	640	49
对未来成功的指导		12	1	41	3
国际声望		210	20	191	15
声援其他国家的人民斗争		8	1	32	2
负面报道	美国	32	3	12	1
	韩国	136	13	140	11
	日本	46	5	16	1

图10.14A 朝鲜两周间的国际和国内主题报道比较

[1] 原注：在博弈论术语中，该交点大致类似于鞍点。

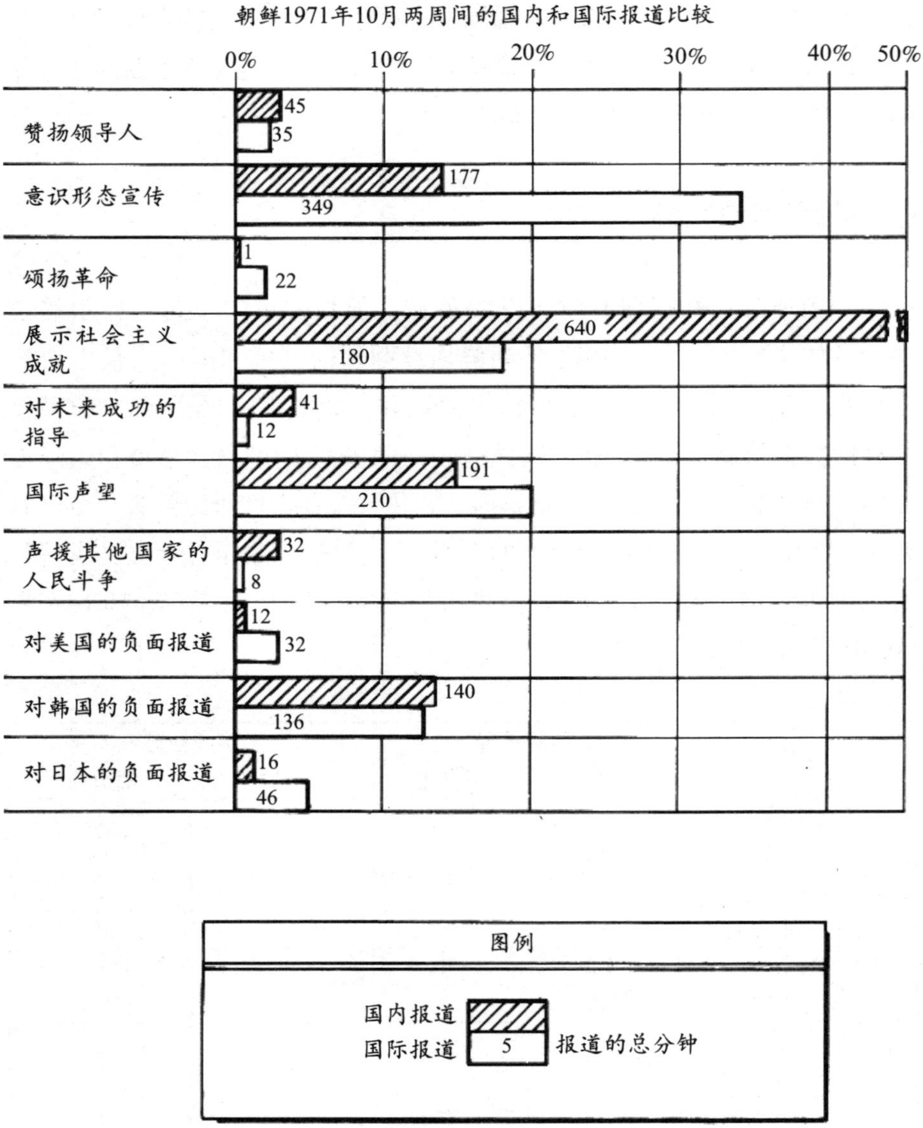

图 10.14B　朝鲜两周间的国际和国内广播电台主题报道条形图

地形剖面图

地形剖面图常用于确定直接火力武器无法到达的区域，也用于视线发挥关键作用的其他情况。例如，电信分析人员想确定需要建多少个微波中继塔以保证微波信号在两个城市之间传输。在图 10.15 所示的例子中，塔与塔之间的最大传输范围是 90 千米，且塔与塔之间应在直接视线（direct line-of-sight）内，根据这一要求，分析人员可以确定北本（Ban Pak）和华欣（Hua Hin）之间需要建设 7 个中继塔。这个地形剖面图的比例是放大的，由建塔站最可能路线的一些点延伸垂直线绘制而成——该路线利用地形的最高处，从而使受到的“屏蔽”最小。

趋势分析

图表在趋势分析中尤其有用。例如，图 10.16 显示的是某国连续 8 个月官方报纸中反美报道的数量。该图显示，报道的高峰期在 5 月和 6 月，接下来就可以根据过去事件发生的顺序找出这两个高峰期的可能原因。然而，有时分析或研究人员会被要求判断绘制的数据图预示了什么重要或异常的事情；如果能获得过去同时期的数据，可以如图 10.17 中将两图重叠（或组合为一个图）来直接比较。本例中的图表显示当前“趋势”与以前“趋势”无太大差别。

图表还可用于绘制工程完成的时间节点。例如，要修建从茂名（音译，21º41′N, 110º51′E）到新兴（音译，22º42′N, 112º13′E）的铁路，如果工程进展速度已定，就可以绘制图表来显示不同时间段完成的距离（如图 10.18 所示）。另一种绘制工程进展的方法如图 10.19 所示，即在准映射图上标注预计的时间。

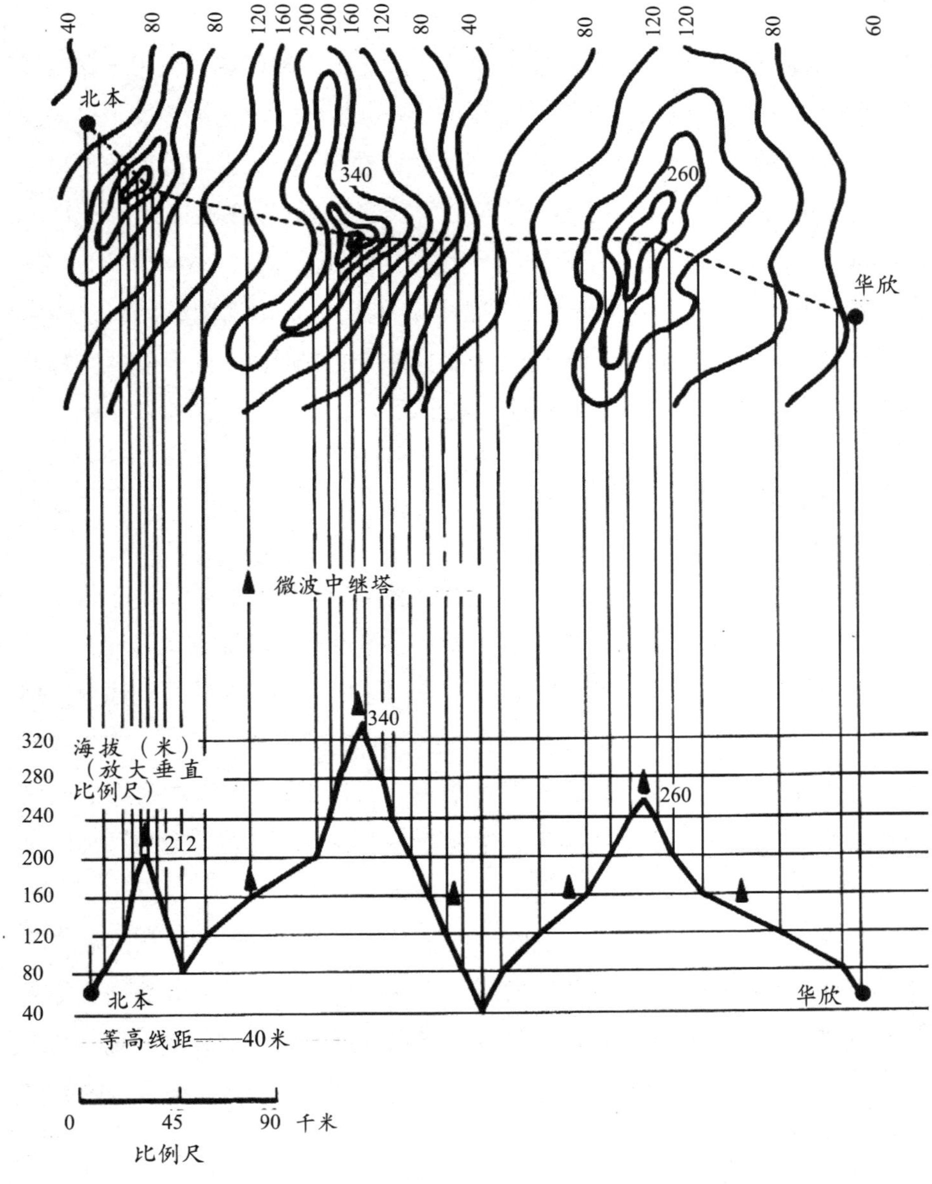

图10.15 地形剖面图实例

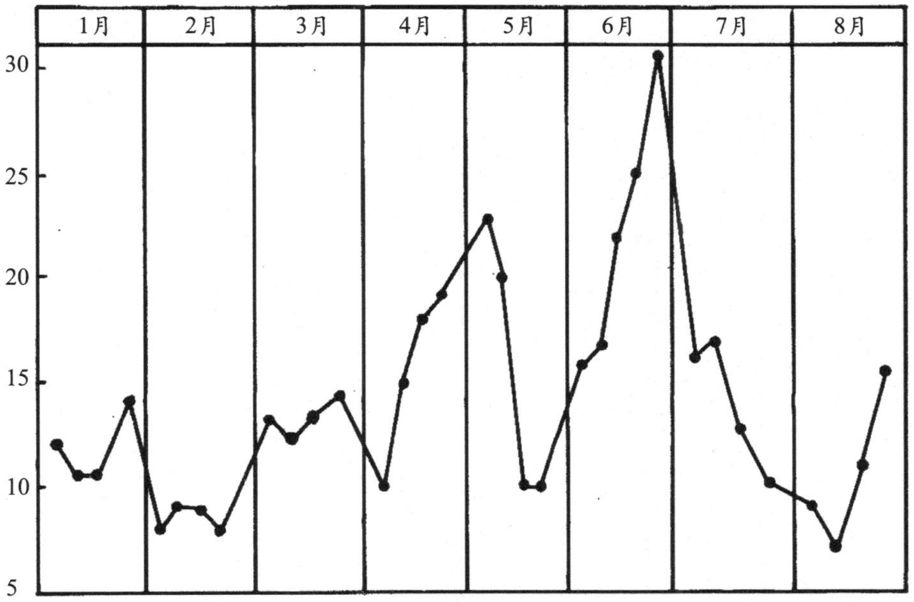

图 10.16 某外国媒体连续8个月的反美报道数量

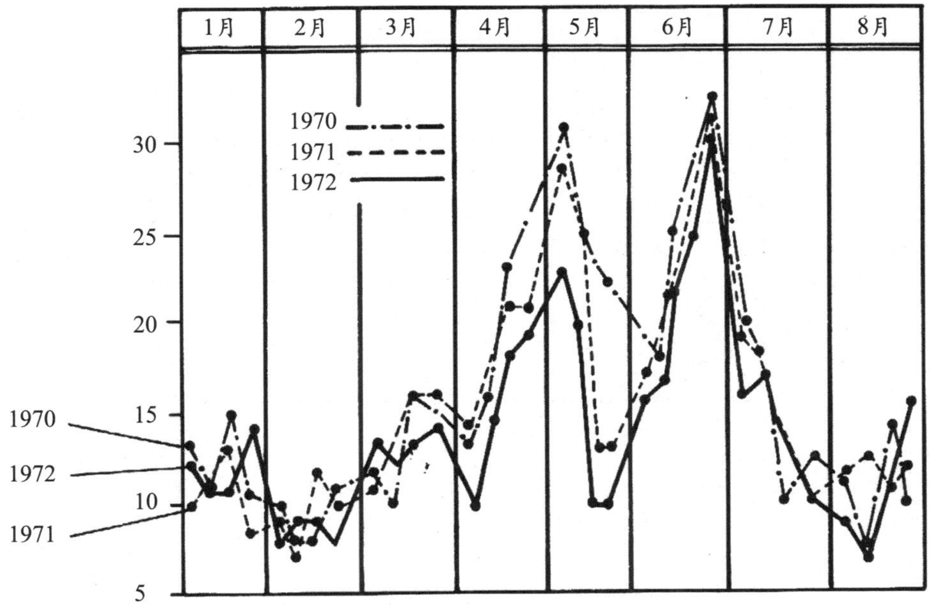

图 10.17 某外国媒体连续8个月的反美报道数量（3年对比）

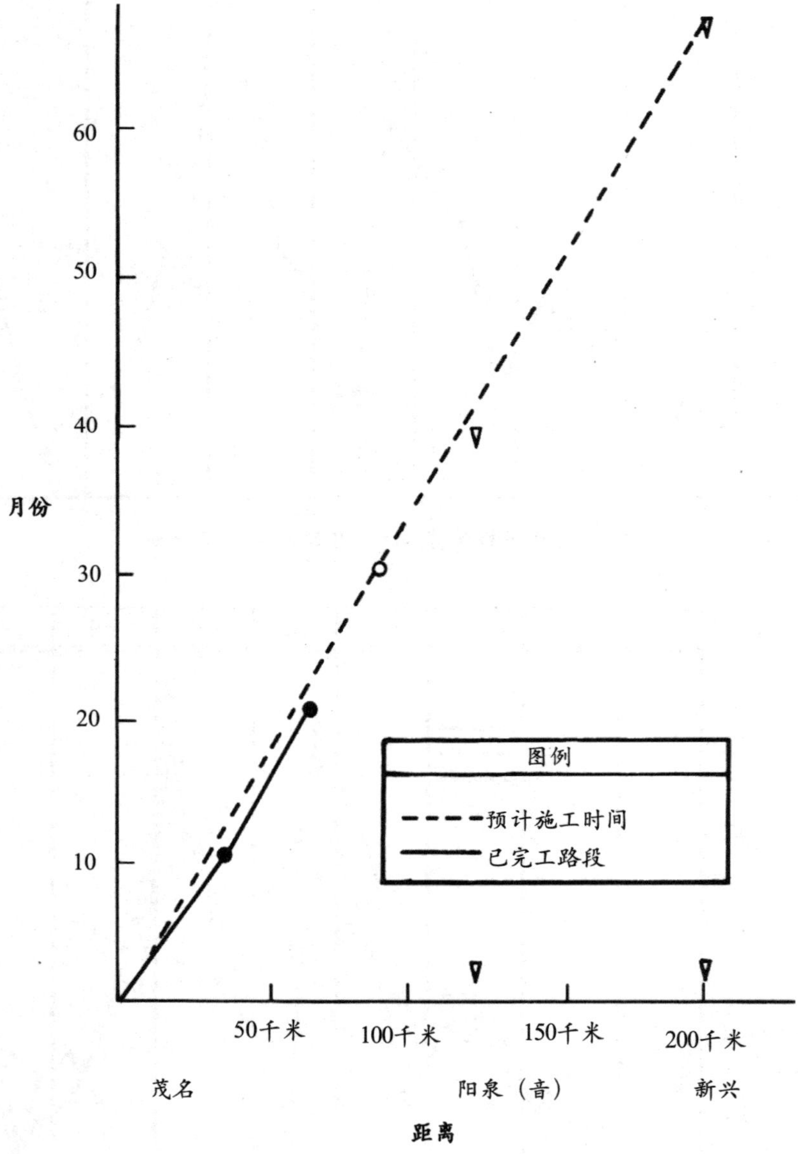

图10.18 铁路施工预计完成时间图

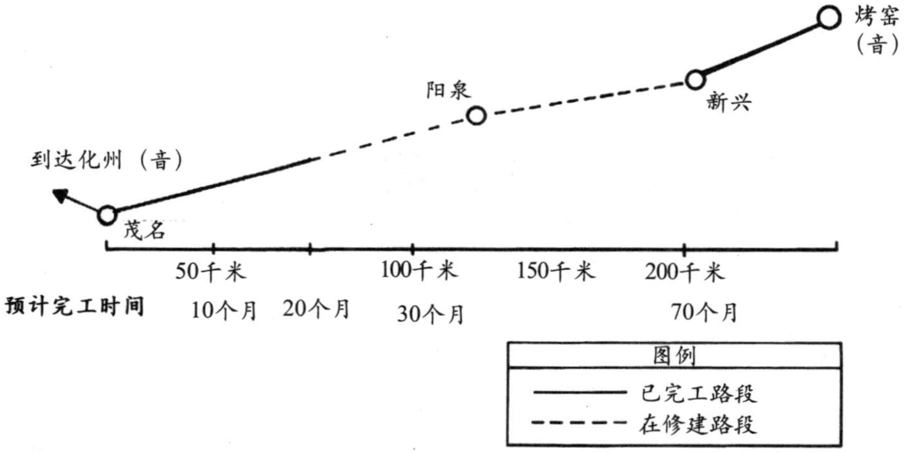

图10.19 地图上显示的铁路施工预计时间和实际完成时间

九、小 结

- 描述性方法是描述性研究的基础，也是预测性研究的基础。要想预测将来可能存在或发生的现象，通常需要对当前存在的现象加以描述。
- 建立类比是情报研究中最普遍的一个基础分析步骤。军事演习、模拟和模型是对现实的不同方面的类比。对于战略情报的各组成部分，类比都可用于指导推理。
- 图表法并不是具体的分析方法，而是转换数据的方法，不但与描述性研究和分析活动分不开，也与预测性研究和分析密切相关。

[第十一章]

预　测

情报界的头等大事是降低不确定性，因此情报研究或分析人员最关注预测未来事件或情况的方法。本章主要探讨目前在情报研究与分析中应用的预测未来事件或情况的一些方法。本章首先探讨预测的本质以及预测的基础——假定，还阐述了方法与现象的本质之间的关系。

虽然本章探讨的是预测的方法论，但其应用并不仅限于对未来事件的预测或预期。例如，仿真不仅用于预测，也用于诊断。准确预测依靠的是非推测性方法，预测结果不仅是可能的，而且是非常可能的。

一、不同类型的现象及其与预测的关系

显然，不同现象的预测难易程度不同。在各种现象中，在特定时间点发生的短期特殊事件往往是最难预测的，因为很可能没有先例可循。但不幸的是，这类事件往往是情报界最关心的。例如，一夜间突然推翻了现政府的政变、一个从事国防绝密项目的重要科学家突然叛逃，或突然发现某种战略物资被大量储备。

预测延续一段时间的事件难度中等，其产生的后果是明确的，需要预测的是何时产生该后果或有何种影响。某现象的开始可以看作在特定时间点发生的特殊事件，之后是延续一段时间的事件。以一个国家建造第一艘

航母为例，开始建造的具体时间（如在规划图上画出第一条线的确切时间点）是一个特殊事件，而航母完成试航并具备作战能力之前的一系列事件则是连续事件。预测难度最小的是一些周期循环的事件或情况，它们的发生几乎是必然的，如月圆月缺、潮起潮落、四季更替，以及昼夜循环。

二、概率描述及其与不同类型现象的关系

情报预测几乎总是会用到一些概率术语。（甚至这句话也可用概率术语表述。）周期循环的现象通常发生的概率最高，这是很正常的。周期循环的事件不仅发生的概率高，而且分析或研究人员对预测的信心也很大。[1] 至于连续现象，一旦发现，就能比较准确地预测随后发生的事件或产生的影响。很多情况下，连续现象之前都有先例，研究人员可以根据类似的前提推断未来事件。而且，通过监控连续现象的发展，分析和研究人员能修改推测、更改概率。

特殊事件是最难预测的，需要应用最深奥的预测方法。有趣的是，正如后面要提到的，这些预测特殊事件的方法本质上依靠的是专家的主观判断。然而，这些深奥的方法更常用于预测一**类事件**的概率，而不是**个别事件**的概率。

三、假定：实用但存在问题

每次预测或预测模型都建立在假定上，而假定的有效性往往决定了预

[1] 原注：接触过主观概率的人都知道，两种表达法相似但还是不一样。每当掷一枚硬币时，掷出反面的概率是50%，但是如果一个赌徒连续掷出10次反面，他总会强烈地觉得下次掷出的将会是正面。

测的准确性。[1] 最基本的假定之一可能就是：过去发生的事件将来还会发生，这种预测的关键是大量观察已发生的事件，虽然可能并不清楚事件发生的原因。例如，要预测月蚀是否发生、什么时候发生，并不需要理解月蚀如何发生或为什么发生。

较高级的假定是：造成过去某一事件的那些因素会在将来引发类似事件，这种假定最为人熟知的范例就是天气预报。气象学家首先建立并检验因果关系，接着对所有决定气象条件的因素进行分类和编码，然后对不同时间段的天气做出准确预测。[2] 根据确定的起因进行预测，结果往往非常可靠；在实验室条件下，预测结果几乎是准确无误的。确定起因使得研究人员能够建立确定性模型，只要提供给该模型的数据正确，该模型就能够准确无误地预测出结果。这在实验室条件下较容易做到，但在包含人类行为的开放环境下很难做到。

另一种常见的假定是：目前的趋势在未来还会持续，至少在不久的将来还会持续。这种假定尤其体现在股票投资者的行为上，市场的上涨趋势一定程度上是受了涨势本身的刺激，而下跌加剧也是由于人们认为下跌趋势仍将持续。跌势导致悲观主义，进而刺激卖出。除了为获利而进行的"技术调整"外，这种趋势还会继续，除非发生重大事件，导致买家的期望改变。这种趋势仍将持续（或仍将持续一段时间）的假定是所有推断的基础，是预测趋势较常用的方法之一。

在社会行为领域，往往要假定另一方会如何反应。事实上，如果不对特定环境下人类的行为反应进行预期（假定），就无法建立人际关系。

对人类行为的预期同样基于对过去行为的观察，而普遍的假定是：过去发生过的行为将来还会发生。

这个假定在 1914 年的坦能堡战役中得到了很好的验证。在兴登堡司

[1] 原注：有时假定在逻辑上成立，但是现实并非如此。例如，假定日本关东军会顽强作战，这在逻辑上是行得通的。但是多年过去后，日本关东军仅仅存留在美国军事计划者的脑海中。

[2] 原注：预测不准确有时候是由于缺乏最新的情报，而不是预测模型有错误。

令的领导下，德军上将马克斯·冯·普里特维茨（Max von Prittwitz und Graffon）率领第 8 集团军与俄国两个集团军在东普鲁士交战，俄军在数量上大大超过了德军。然而，据德军参谋马克斯·冯·霍夫曼中校回忆，俄国两位将军保罗·伦南坎普夫（Pavel Rennenkampf）和亚历山大·萨姆索诺夫（Aleksandr Samsonov）是死对头。（据说在日俄战争期间，他们曾经在伪满洲沈阳的火车站大打出手。）根据他们过去的表现，霍夫曼预测即使一方受难，另一方也不会援手。基于这一预测，兴登堡司令命令普里特维茨暴露侧翼，与萨姆索诺夫指挥的俄国第 2 集团军交战。而正如先前所预测的，伦南坎普夫几乎没有给予萨姆索诺夫多少支援，导致萨姆索诺夫最终战败。而不久后，伦南坎普夫率领的第 1 集团军也在马祖里湖战役中失利。以上证明霍夫曼通过观察过去行为进行的行为预测是正确的。[1]

关于其他人（如“对方”）的一个典型基本假定是，这些人是理性的。所谓理性，就是他们自己和旁观者一样客观地看待一些行为的利弊，包括生存和为获利所付出的代价。[2] 诚然，这种假定是分析所必须的基础，但也有缺点。

例如，从成本效益的理性角度讲，“曼哈顿计划”中科学家和工程师用以研发原子弹的方式太过昂贵。由于不清楚两种方法中哪个奏效，格罗夫斯[3]将军命令建造了两个生产设施，一个运用气体扩散方法，一个运用离心方法来产生裂变物质。这两种方法都未经实践，只有理论基础，无法

---

[1] 原注：“国家的维数”（Dimensionality of Nations）方案是最具挑战性的工作之一，它对国家行为模式进行识别、编码和分析，旨在预测未来国家在与其他国家接触时可能采取的举动。利用因素分析和线性代数，该方案可识别主要的属性模式，帮助分析跨国数据。属性模式包括国土面积、经济发展、政治倾向、人口密度、天主教文化、外交冲突和国内矛盾。该方案分析了约 400 多个两国组合的 100 多个行为变量。方案的重点是要确定属性关系的规律和行为变量的规律，并作为预测未来行为的基础。研究由夏威夷大学政治科学系和社会科学研究学院实施，由国家科学基金会提供资金资助。

[2] 译注：此一假定即所谓“镜像思维”，是引起情报失误的一个重要因素。

[3] 译注：莱斯利·理查德·格罗夫斯（Leslie Richard Groves），美军中将，第二次世界大战期间曾任美国陆军工程兵建筑部副部长、美国负责研制原子弹的曼哈顿工程区司令等职。

确保成功，而且生产费用都很昂贵。但因为有很大的利害关系，美国害怕德国会先一步制造出裂变物质，即便冒险浪费几百万美元也是值得的。由于要克服巨大的技术难题，要耗费巨大的时间、人力和物力，也难怪德国科学家韦纳·海森伯不相信美国已经成功引爆了三个原子装置。

海森伯对美国原子能力的质疑显示，一旦某种行为被预测，那么一定是某些假定占了先机。例如，海森伯认为既然能干的德国物理学家都无法设计出生产大量裂变物质的方法，那么其他国家的物理学家自然也无法做到。长期以来，美国的规划者一直认为日本人在战场上是绝不会投降的，即使是被俘，也绝不会与审讯人员合作。这两个假定起初看起来都有一定的表面效度[1]，但最终证明都是错的。

战场上的胜利往往与风险有关，而风险这个词从传统意义上来说并不是理性、合理的。假定是所有预测方法中必不可少的一部分。假定很实用，它们提供了一个基本的框架，在此框架上可以建立预测模型。此外，规划者可以运用假定来选择最优的行动方案。正如托马斯·谢林所说，“对众多替代方案进行分析，从中挑出某种战略或某个武器系统，就需要对敌人的行为进行某种假定。即使假定没有明确说明，它也存在于分析之中。”[2]然而，在对行为进行的预测中，未验证的假定会降低整个预测活动的价值。

四、德尔菲法

预测19××年会发生什么，最简单的方法就是去问专家。近百年来，决策者一直在“咨询专家”（取得了不同程度的成功）[3]，不同专家集

[1] 译注：表面效度（face validity），也称内容效度或逻辑效度，是指某项目对预测的内容或行为范围取样的适当程度。表面效度会影响被试的测验动机。

[2] 原注：T. C. Schelling in E. S. Quade, *Analysis for Military Decisions*（Chicago:Rand McNally and Company, 1964）, p.199.

[3] 原注：预言家、占兆官、占卜者和占卜师在过去提供过该项服务。德尔菲法起源于居住在希腊德尔菲城的一名希腊预言家。

体的判断和智慧要优于任何一个专家的推测或预测。基于这种假定衍生了一种新的方法，就是将一组专家的判断进行系统的推理和重组，即德尔菲法。

德尔菲法的具体实施如下：拟定一些问题让专家回答，每位专家独立自由地做出自己的判断。之后将判断结果列表并送还给所有专家进行修改。事实上，每位专家都要根据其他专家所做出的判断和理由对自己先前的判断重新进行评估。第二轮结果再次列表并送还给专家进行修改。这一过程会一直持续，直到达成高度一致，或没有专家再对其先前的推测进行修改。

该方法在技术预测中应用得很普遍。对于那些没有标准答案，只有不同意见的问题也可以应用该方法。例如，在兰德公司进行的早期研究中，该方法主要应用于预测科技突破、自动化影响、太空发展以及未来武器系统。

实施德尔菲法的方式很多。例如，进行匿名问卷调查，这样专家彼此互不相识，相互也不会有影响，问卷调查的结果还能够做人工处理。另一个方式是让专家彼此直接交流，要么面对面地会谈，要么运用远程电话会议技术。此外，还有一个方式是运用与计算机存储设备相连的电传打字设备。虽然这一方式成本昂贵，又受限制（如专家必须在终端附近），但计算机能够进行简单的统计计算（如计算平均值、中位数和四分位数），储存并检索早期的反应，并实时更新数据。

德尔菲法的主要优势是，分析人员能够获取专家客观统一的判断。另一优势是，每个人都很清楚所做出的推测或预测的根据是什么。

该方法的缺点是，由于不同的判断最终要达成一致，这就可能会导致丧失某个明智的判断。例如，在面对面的讨论中，一些专家可能会在某专家雄辩的语言气势影响下同意其观点，尽管并不认为其观点正确。当然，只要有人际交流的地方就存在这类问题，因而这并不能算是德尔菲法自身的缺陷。因此，远程、匿名实施该方法可以降低言辞威力的影响。

德尔菲法可以用于经济情报、政治情报、科技情报以及军事情报研究与分析领域中所遇到的判断或预测类问题。

五、多元未来的形成

尽管与德尔菲法很相似，但形成多元未来（alternative futures）不需要对多个专家的判断进行系统的会聚，从而达成一致意见。多元未来依靠单个或多个专家的创造力来预测多种可能的情况。

从根本上来说，形成多元未来的第一步是详细说明关于某个民族、某个国家、某种国际环境或某一技术发展的多种假定，然后推断在各种假定条件下可能产生的结果。多元未来常常以想定（即对某一未来环境的条件、行为、人类活动和影响的描述）的形式来呈现。

多元未来本身并不是预测，只是对多种可能性的描述。多元未来可划分为可能的结果、似乎可能的结果和非常有可能的结果几个级别，但多元未来不是预测，不是表明预报的事情一定会发生。

赫尔曼·卡恩描述了 20 世纪 70 年代的一些多元未来，描绘了美苏关系缓和的结果、政治和军事结盟对北约的影响以及快速发展的军事技术的影响。在描述多元未来的过程中，赫尔曼·卡恩使用博弈论、系统分析和性价比创造了一种逼真的、可能性很大的未来。哈普伦在其短篇著作《中国与核武器》[1] 中，也简略描绘了一系列涉及中国获取核能力和核运载系统的多元未来。

多元未来经常用于政策制定。尽管无法预测将会产生何种“未来”，但往往能够预测特定未来所产生的结果。更狭义地说，设计军事演习想定也是在创造多元未来。有趣的是，进行游戏的目的之一就是（从准经验主义角度来看）确定特定未来的状态。[2]

形成多元未来的方法论并非一种方法构成，有时会运用德尔菲法，有时会运用简单的直线外推法将目前的状况推至未来。那些对相关问题熟悉的专家能够确定限制因素，并以此修改直线外推法。就像其他所有运用判断的

[1] 原注：Morton H. Halperin, *China and the Bomb*（New York: Frederick A.Praeger, 1965）.

[2] 原注：Herman Kahn, “Alternative World Futures,” paper Hi-342-B IV,（NewYork: Hudson Institute, April, 1964）.

方法一样，要让多元未来具备有效性，专家对主题的了解至关重要。[1]

六、外推法

预测未来条件或趋势最常用的方法之一是，将过去和当前的趋势或条件外延到未来。外推法最简单的形式就是根据目前的已知信息将图中的线进行延伸，来描述未来预期的变化（如图 11.1 所示）。

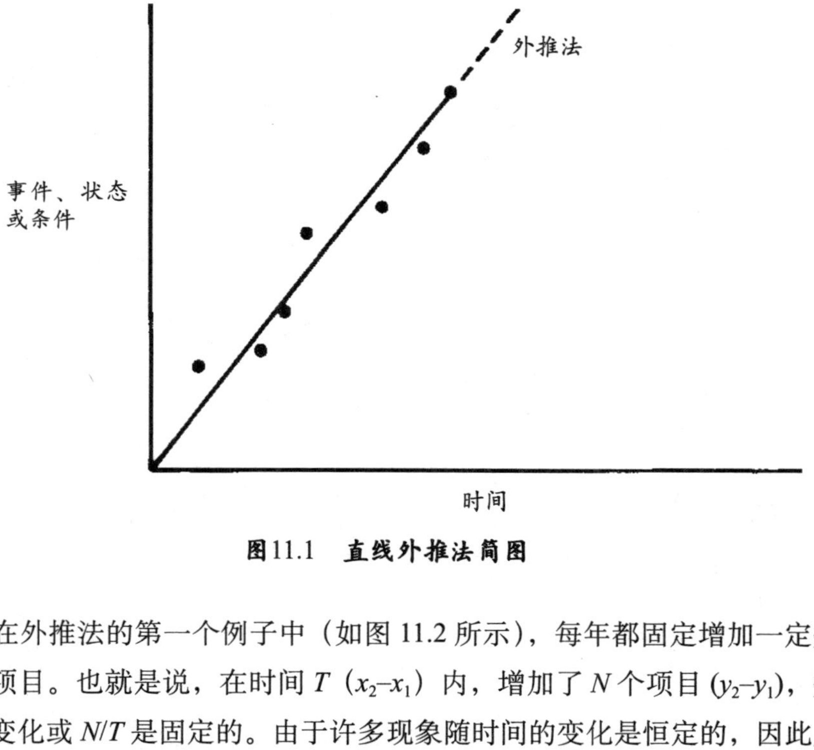

图11.1 直线外推法简图

在外推法的第一个例子中（如图 11.2 所示），每年都固定增加一定数量的项目。也就是说，在时间 T（x_2-x_1）内，增加了 N 个项目 (y_2-y_1)，数字的变化或 N/T 是固定的。由于许多现象随时间的变化是恒定的，因此用一条直线就可以表示这些随时间恒定变化的现象。

但也有一些现象是无法用直线体现的，例如人口增长。人口增长图就像是一种复利 (compound interest)。随着人口中人数的增长，繁殖后代的基

[1] 原注：Alvin Toffler, *Future Shock* (New York: Random House, 1970).

础人数也随之增加。

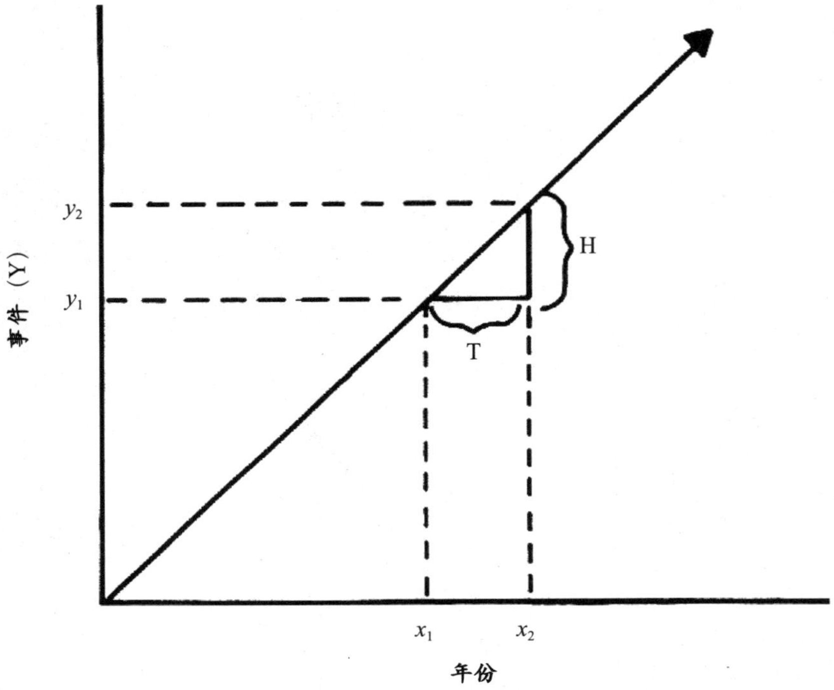

图11.2　固定变化的外推法

按固定比例增长的人数可以用**指数曲线**表示（如图 11.3 所示）。指数曲线可以手绘，对已知数据可以使用公式。表示固定比例增长率的最简单的方程如下：

$$y_2 = y_1(1+r)^N$$

y_1 是目前的人数，r 是人口的年增长比例，N 是进行人口预测的年份（x_2）与当前的年份（x_1）的年份差，y_2 是 x_2 那年预测的人数。

使用这个方程时，人口的年增长比例 r 是通过过去几年已知的人口水平计算出来的。代表已知人口水平的数据点多数不会出现在曲线上。然而，如果运用方程，未来预测的人口数就会出现在曲线上。此特征与所有

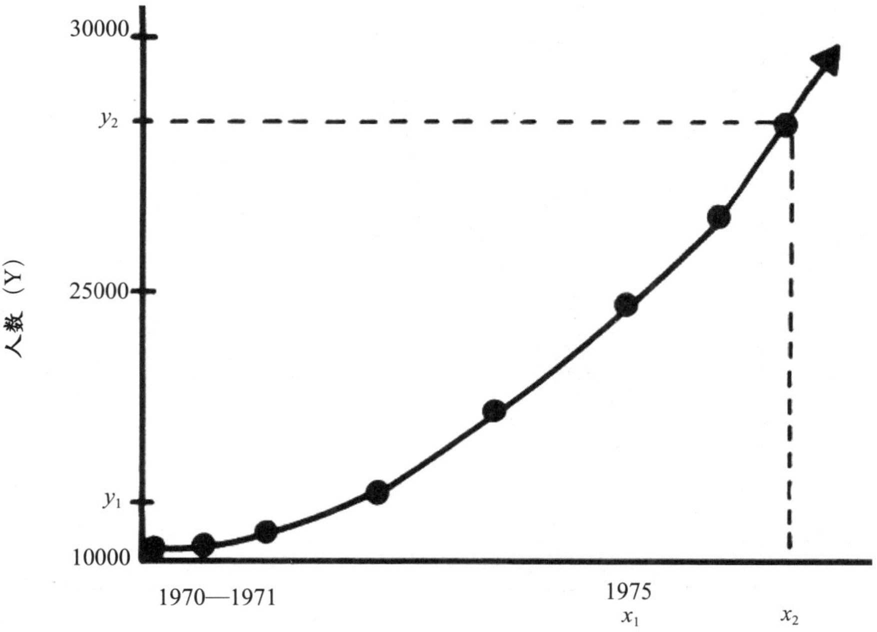

图11.3 百分率固定变化的外推法

外推法都一样。变化的百分率稍有改变是很正常的，因此，预测人口数会在实际人口数上下稍有浮动。基于系统的已知动态进行的外推法看似简单、普通，实际上很重要。虽然在图上延伸一条线不需要什么技巧，但要知道如何更改这条线就需要卓越的洞察力和判断力。

相对而言，短期预测比较容易，将代表目前状况的线加以简单延伸就足以预测不久的将来。但远期预测——通常是预言家更感兴趣的预测——往往不是由单一连续体构成，而是由一系列连续体一起构成的（如图 11.4 所示）。在分析人员能够确定何时弯曲外推线、向哪个方向弯曲、弯曲多少之前，必须对影响或决定所有连续体的因素进行分析（带箭头的线是基于刚刚过去的信息和目前的信息进行的短期预测）。

对规划、一定变量的典型行为方式以及特殊状况有所了解，为趋势预测和进行外推提供了线索。例如，精确掌握政府目前和下一财年的

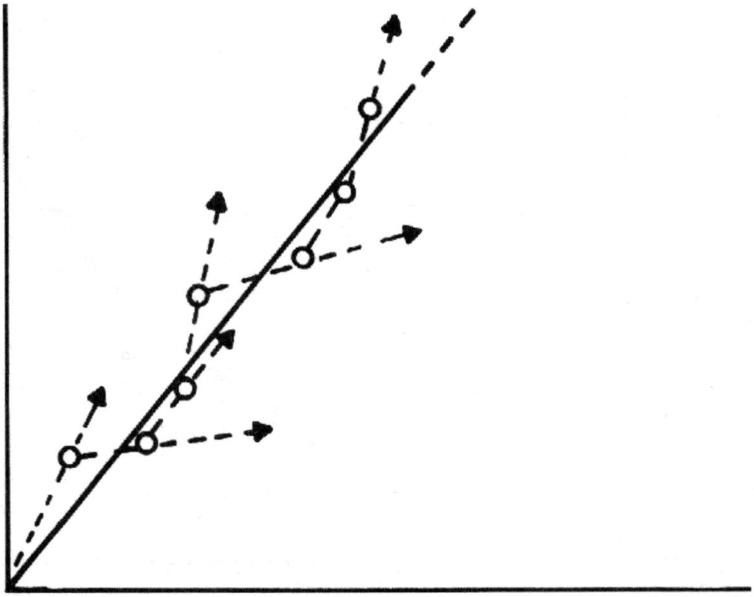

图11.4 基于一系列连续体的远期预测

预算，能够提供线索来预计现行项目有多少机会能在下一个财年得到继续。上述信息加上上个财年的相关信息至少能够较准确地预计短期内趋势的延续性。

此外，一定变量可能按较可预测的模式变化，而这些模式可作为预测和说明变化趋势的基础。例如，库存减少通常预示着增产，而引进新型号常导致销量增加。了解特殊情况也可对预测有帮助。例如，预先知道利率要上涨就能预计新建住宅将减少，而核运载系统技术上的进步会引发新一轮军备竞赛。

对限制条件的了解能使外推法更精确。例如，从理论上讲，一个国家每年都能扩军，直到所有人都成为军人。但很明显，这一预测需要排除老人、小孩及在政府、农业和工业等重要部门工作的人，从而进行细化。二战以前，当推断美国海军军舰尺寸增量时，限制条件是海军军舰的尺寸要小于巴拿马运河上水闸的尺寸。限制因素包括物理限制、文化限制、“自然规律”（如重力、光速等）和经济限制。

显而易见，“盲目”外推存在危险，如只关注短期趋势而忽视长期趋势。将外推法的错误最小化的方法之一是，将对未来外推的范围限制在有历史资料的那段时间。另一个将错误最小化的方法是，避免对细节进行预测。例如，在技术预测中，有时会试图根据对系统每个组件的分析来预测技术发展。依据的假定是，各个组件的性能极限集合会决定整个系统或设备的性能极限。然而，从以往经验来看，基于此类分析的外推法往往都过于保守，因为重要的发明或突破经常会改变系统或设备的性质和基本配置。[1]

此外，减少外推法的错误还可以用**包络曲线**呈现预测结果。包络曲线显示了期望值的上限和下限，包含了正常的偶然性和正常的创新率（如图11.5所示）。

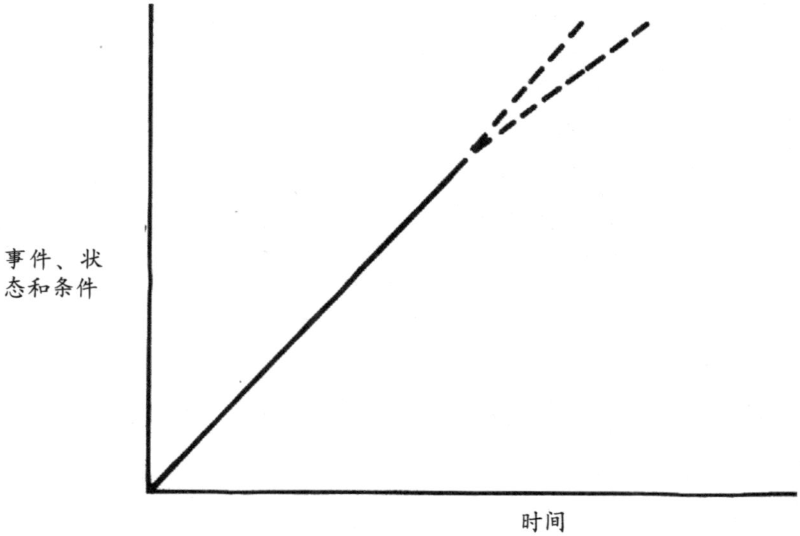

图11.5 运用（显示预期值的上限和下限的）包络曲线的外推法

[1] 原注：便携电子计算器的出现是一个恰当的例子。40 年前，某预言家已经预测出类似的计算器将被广泛使用，他根据当时的技术发展水平做出了非常保守的估算。20 世纪 40 年代电子计算设备的真空管、尺寸与重量，更别说成本，使得在当时广泛使用这些设备不现实。但是随着印刷电路和固态组件的发展，这些设备的尺寸、重量和成本大大缩小，而计算速度和可靠性大大提高。固态组件不仅仅是技术的延伸，还是革命性的进步。

外推法常见诸与技术预测相关的著作。本书形态分析法那一节的参考文献也讨论了外推法。外推法可以用在军事情报、科技情报、社会与经济情报的研究与分析中。

七、贝叶斯分析

情报分析人员通常需要对事件发生的可能性做出快速预测。最初的预测往往只是根据相关问题的已知信息临时做出的，而贝叶斯分析使得分析人员能够根据获得的新信息系统地更新概率。例如，一位分析人员可能需要对一个发展中国家建造核装置的概率进行预测。他提出两个假说：

假说 1（H_1）：该国家会发展核装置。

假说 2（H_2）：该国家不会发展核装置。

他还预计 H_1 的**先验概率**为 0.2，H_2 的先验概率为 0.8。换句话说，H_1 的发生概率是 0.2∶0.8（或 1∶4）。[1]

接下来，分析人员发现新信息，从而可能影响 H_1 的可能性。贝叶斯分析与概率图分析不同（后文会介绍概率图分析），因为分析人员起初并不需列出所有影响 H_1 的重要因素，他只是在每次收到新信息后对 H_1 的概率进行修改。

在进行初步预测后，研究人员可能会发现一些在苏联培训过的骨干核物理学家和工程师已经返回了目标国。分析人员判定这一事实（D）会影响 H_1 的概率，于是开始运用贝叶斯定理。

贝叶斯定理如下：

$$P(H_1|D)=\frac{P(D|H_1)\,P(H_1)}{P(D)} \tag{1}$$

[1] 原注：换句话说，分析人员认为某个国家不会研发核装置的可能性要比研发核装置的可能性大 4 倍。

其中：

$P(D)$ 是数据发生的概率；

$P(H_1)$ 是假说 1 的先验概率；

$P(D|H_1)$ 是在假说为真的情况下，数据发生的概率；

$P(H_1|D)$ 是在数据已经发生的情况下，假说为真的后验或修正概率。

对于许多分析人员来说，相比**"概率"**这个词，用**"可能性"**这个词更容易些。通过重复使用贝叶斯定理，可以显示用来评估假说和发生的相对似然性的可能性：

$$P(H_1|D)=\frac{P(D|H_1)\,P(H_1)}{P(D)} \tag{2}$$

和

$$P(H_2|D)=\frac{P(D|H_2)\,P(H_2)}{P(D)} \tag{3}$$

当方程（3）除方程（2）时，$P(D)$ 就被消去，剩下的方程如下：

$$\frac{P(H_1|D)}{P(H_2|D)}=\frac{P(D|H_1)\,P(H_1)}{P(D|H_2)\,P(H_2)} \tag{4}$$

或使用最常用的言语释义：

$$\text{后验可能性} = \text{似然比} \times \text{先验可能性} \tag{5}$$

方程（4）可被用作观察数据中信息的函数，将先验可能性更改为后验可能性。将先验可能性变为后验可能性，必须先假定 H_1 为真，再假定 H_2 为真。然后，分析人员需要了解对每个假定中的数据进行观察的可能性有多大。如果 $P(D|H_1)$ 大于 $P(D|H_2)$，那么后验可能性就大于先验可能性；反之，先验可能性就大于后验可能性。

在一个国家是否会研发核装置这个例子中，$P(H_1)$ 被预计为0.2。分析人员预计如果一个国家致力拥有核能力，那么将有一大批人接受核物理和相关领域的教育；而如果一个国家不打算拥有核能力，那么接受核物理和相关领域教育的人就没有那么多。前者人数很可能是后者的3倍。方程（6）显示了如何计算此范例的后验可能性。

$$\frac{P(H_1|D)}{P(H_2|D)}=\frac{3\times 0.20}{1\times 0.80}=\frac{0.60}{0.80}=\frac{1.00}{1.33} \tag{6}$$

因此，一个国家具备核能力发展的可能性从1∶4增加到了1∶1.33。

如果 H_1 成立，核装置发展为真，那么分析人员就会用2∶1的似然比来支持燃料购买。将方程（6）中计算的后验可能性当作新的先验可能性，然后用方程（7）计算：

$$\frac{P(H_1|D)}{P(H_2|D)}=\frac{2\times 1.00}{1\times 1.33}=\frac{2.00}{1.33}=\frac{1.50}{1.00} \tag{7}$$

在目前的分析当中，可能性第一次增长，并超过了50∶50。现在看起来似乎目标国将来或目前非常可能研发核装置，这个过程将无限期地延续下去。此分析方法可供研究人员监视局势所用，也可用于确定何时根据形势开始制定相关政策。在此例中，一旦可能性是5∶1，偏向 H_1，或许就可以决定进行更直接的信息搜索。

当需要考虑的假说超过两个，贝叶斯分析也可以用于**多值案例**中。下面的方程就体现了一个多值案例，H_1 代表每个可能的假说。

$$P(H_1|D)P=\frac{(D|H_1)P(H_1)}{P(D)} \tag{8}$$

所有的 $P(H_1)$ 相加必须为1。

在**双值案例**中，原先的方程变为方程（4），这样分析可以通过预测可能性而非概率来进行。在一个多值案例中，记录所有的似然比更难。虽然基本的数学计算一样，但多值案例中预测后验可能性的途径是不同的。

首先，分析人员列举了所有先验假说和相关的概率 [见表 11.1，第（1）列和第（2）列]。然后，给出指定似然比 $P(D|H_1)$ [见表 11.1，第（3）列]。将第（1）列的值乘以第（2）列的值，得出方程（8）的分子，或 $P(D|H_1)P(H_1)$。所有后验概率的总和必将是 1 [见方程 (9) 和 (10)]。

$$\sum_{i=1}^{n} P(H_i|D) = 1 = \frac{\sum_{i=1}^{n} P(H_i)P(D|H_i)}{P(D)} \tag{9}$$

或

$$P(D) = \sum_{i=1}^{n} P(H_i)P(D|H_i) \tag{10}$$

因此，第（4）列的值相加得出 $P(D)$。最后，每个 $P(H_1)$ $P(D|H_1)$ 都除以 $P(D)$ 就得出第（5）列——$P(H_1|D)$。

贝叶斯分析适合预测那些可能受其他事件影响的事件的发生概率。如果应用贝叶斯定理比直接预测概率更可行，中间事件就被用作数据（D）。

表11.1　三值贝叶斯分析

（1）	（2）	（3）	（4）	（5）
假说	先验概率	似然比	联合概率	后验概率
H_1	$P(H_1)$	$P(D\|H_1)$	$P(H_1)P(D\|H_1)$	$P(H_1\|D)$
核小组 动力装置 对核没有兴趣	0.2 0.5 0.3	0.9 0.7 0.3	0.18 0.35 0.09 $P(D)$=0.62	0.29 0.56 0.15 1.00

八、概率图

对于那些取决于很多条件的事件，概率图可以用来预测它们发生的似然性。概率图可以将一个问题分为若干部分，这里通过一个典型问题来说明概率图是如何构建的，即美国决策者分析 P 国退出某军事同盟的可能性。

如果要进行全面分析，就必须囊括事件可能导致的所有结果。例如，如果所关注的事件是 P 国在该军事同盟中的成员资格，可能的结果包括 :

P 国仍在同盟中。

P 国退出同盟。

这里只需列举所有结果，无须详述细节。本例中，“P 国退出同盟”包括 P 国退出所有同盟、P 国退出一个同盟而加入另一个同盟等，而“P 国退出同盟”即可说明上述多种结果。如果某一种结果特别重要，如“P 国仍在同盟中”，那么其他结果用否定形式“P 国不在同盟中”就可概括。这样做使每个分支只有两个选择，从而简化了分析过程。然而，很多情况下每级都有多个选择，例如掷骰子的多种选择组合（如图 11.6 所示）。

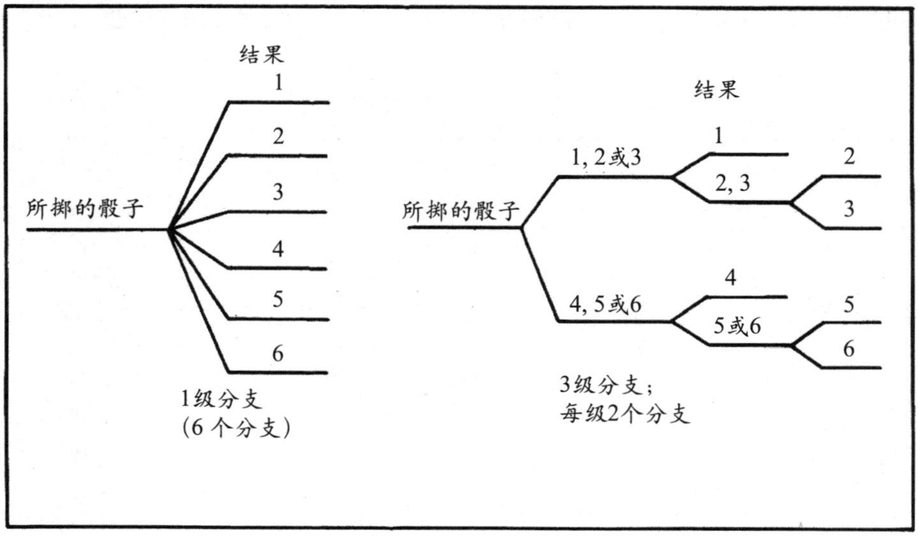

图11.6　掷骰子的多种选择组合

列出的结果必须是互斥的（不重叠的）。例如，“P 国仍在同盟中”和“P 国仍在同盟中，但正式提出了抗议”这两个陈述就是相互重叠的，因此不会同时作为最后结果显示在图中。根据概率论，如果计入所有互斥的结果，他们的概率相加必定为 1。因此，在概率图的任何一级，两个互斥的分支的分级概率相加必定为 1。

某专家在进行深入分析之前预测 P 国退出同盟的概率是 0.7。这一概率预测没有依据任何假定或概率图的分支，因此是**无条件概率推测**。而当专家对问题进行深入分析时，他判定国会未来选举结果是决定 P 国同盟成员资格的主要因素。而选举结果取决于 P 国的币值，币值又取决于 P 国这一年是否会出现贸易逆差。当他确定了所有上述决定 P 国的军事同盟成员资格的主要因素后，就能构建一个概率图（如图 11.7 所示）。分析人员按适当的次序用图解说明事件是非常重要的。例如，如果币值取决于贸易差额，那么币值一定是由贸易差额的结果分支出来的，而不是相反。

从第一级分支（即贸易逆差或无贸易逆差）开始，每级分支都指定了数值概率。贸易逆差和无贸易逆差概率相加必定为 1.0。专家根据其所有过去的经验给贸易逆差指定 0.7 的概率，无贸易逆差 0.3 的概率。为了预测下一级分支的概率，暂时假定一个特定结果已经产生，即假定贸易逆差已经出现，那么下一级分支为货币贬值或货币没有贬值。

对于每组特定的条件和结果，都可以得出其路径概率。在上例中，可以得出最高分支的路径概率（如图 11.8 所示）。假设国会的共产党人占大多数，加之货币贬值、贸易逆差，在这样的条件下，P 国仍在同盟中的条件概率可由所有这些分支各自的概率相乘而得。

$$P_1 \times P_2 \times P_3 \times P_4 = 0.7 \times 0.7 \times 0.8 \times 0.1 = 0.0392$$

在最后一级分支，所有路径的结果总和为 1。此例更重要的一个结果是，在不考虑起因的条件下确定 P 国退出同盟的总概率，方法是将导致最终结果的所有路径概率相加。在上例中（如图 11.7 所示），0.3528+0.0294+

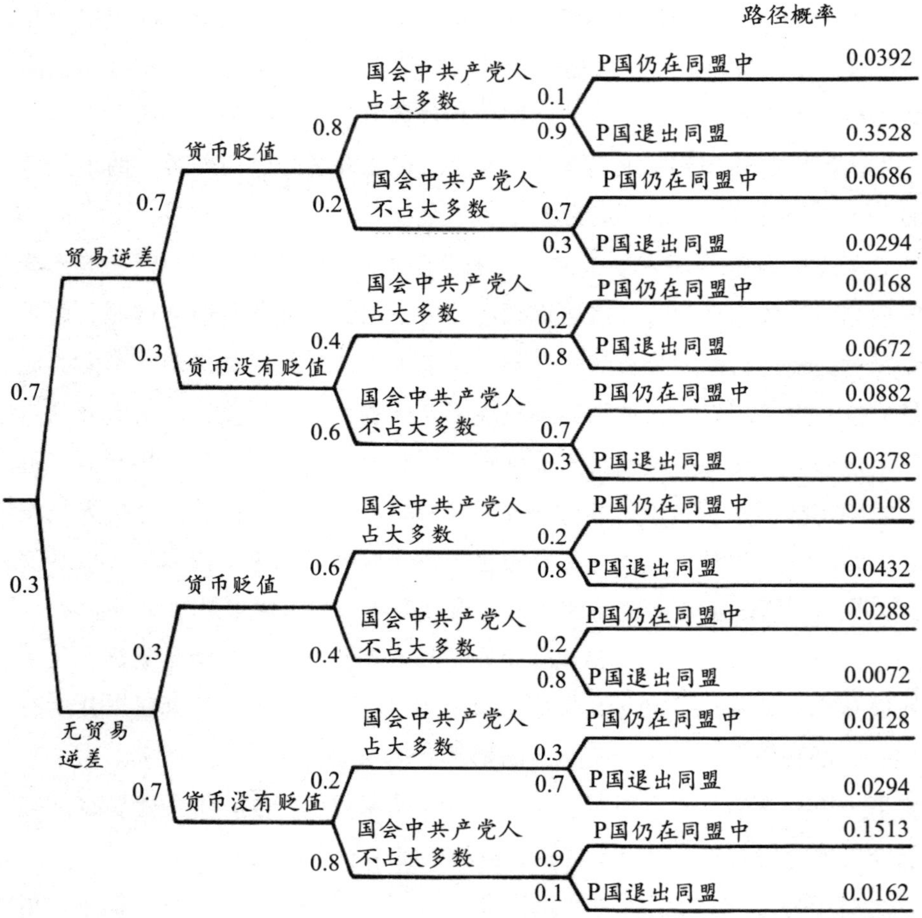

图11.7 概率分支树形图

0.0672+0.0378+0.0432+0.0072+0.0294+0.0162=0.5832。

接下来，专家将计算出的约0.6的概率与推测的约0.7的概率进行比较，在此基础上可以对推测进行更改。采用灵敏度分析[1]，分析人员可以给某情况指定一个概率范围，而不是单一概率。根据此概率范围的上限和下

[1] 译注：灵敏度分析（sensitivity analysis），即通过一系列输入值的测试来确定输出值的依赖关系。

限可以计算出最终结果，还可以确定此概率范围对最终结果的影响。灵敏度分析能够指出需要更深入研究的情况。

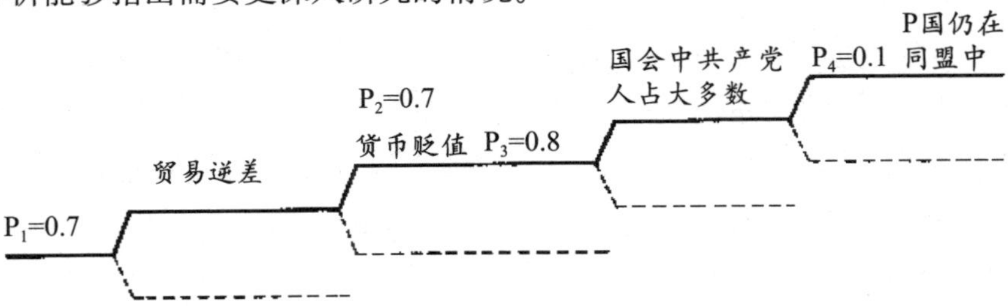

图11.8 给各个分支指定的概率

概率图可用来找出导致某种后果的因素。必须记住，指定的概率是主观的，通常只是一些人的意见。概率图分析的最终结果只是一个近似值，得出的值要四舍五入。

九、心理历史学和心理语言学分析

（口头或书面）言语中显示的行为模式已用来进行分析（描述）和预测。预测是根据主要施动者（如一个国家的首脑）的话语和行为之间的联系进行的。二战期间，英国宣传分析人员认定德国宣传人员，尤其是宣传部长戈培尔，不会随意吹嘘德国实际所不具备的能力，因为那样会使德国民众的期望高涨，而在没有得到预期结果的情况下又骤然下降。因此，当德国宣传机构开始含沙射影地提到新型的恐怖武器时，分析人员正确地推断出一种新型的武器（即 V–1 和 V–2 火箭）即将投入使用。

还有许多其他研究试图将领导人的威胁言论与该国随后采取的行动联系起来，而要将这些联系起来，通常需要一些跨学科人员，如政治学家、历史学家、社会学家和人类学家。近些年，参与这类分析的还有心理学家和心理分析家。心理分析理论，包含一些社会学和人类学知识，试图从心理和文化角度找出决定主要施动者行为的因素。作为人类学的一个分支，语言学试图界定语言在决定某一文化成员的世界观乃至行为模式中的作用。

心理语言学分析（或心理历史学分析）在情报工作中更多地用于分析现代人物，但也可用于分析历史人物。例如，克莱沃修道院（Abbaye of Clervaux）的金·勒克莱克（Jean Leclerq）曾对法国12世纪圣蒂耶尔里修道院院长威廉（William of Saint-Thierry）的作品进行了心理语言学分析。他比较了威廉与其同时代人的作品，对比了其对事件的描写与其他历史和经济资料，并分析了其作品中观念的连贯性，在此基础上形成了心理分析剖面图。该剖面图显示，威廉常带着悲观主义色彩进行描写，尤其是在描写圣伯纳德时。

心理语言学分析也用于分析当代国家领导人的公开声明，并建立言语与行为之间关系的试探性假说。如采用此方法分析喜欢大吵大嚷的国家首脑菲德尔·卡斯特罗，则有很多机会来验证假说。心理语言学（或心理分析学）分析也有可能会站不住脚。例如，分析人员常会分析那些与他们有着不同文化的人，而任何进行跨文化分析的人都知道，对诸如言语这类既有内涵意义又有外延意义的行为进行阐释，经常会出错或失败。在很多情况下，基础心理分析理论自身的有效性都存在问题。

对心理语言学分析和心理历史学分析持有异议者大有人在。尽管身为心理分析人员，但肯尼思·科尔比认为：

> 对摩西、莱昂纳多、爱伦·坡和莎士比亚的心理分析研究是非常有趣、让人着迷的。但这并非科学；这属于艺术、文学或历史……科学是对一类事物进行有意义的概括。人物传记含有通过各种证据得出的对人物的概括……但这种概括是描述性的而非发现规律性的，只会产生文学，不会产生科学。解决同样问题时，艺术和科学对于满意答案的标准是不同的。[1]

[1] 原注：Kenneth Mark Colby, *An Introduction to Psycho-analytic Research*（New York: Basic Books, 1960）, p.74。需要强调的是，不同类型的研究（如描述和预测）的接受标准不同。

虽然几乎任何细心的研究人员都能够找出言语与行为的关系（如果这种关系存在的话），但试图提出造成某一行为原因的假说（或解释某一行为）却需要很专业的知识和技能。因此，心理分析法更适合专家使用。心理语言学分析可用于政治情报、社会情报和人物传记情报的研究与分析。

十、形态分析法

形态分析法原本是为技术预测而设计的方法。自 20 世纪 40 年代引入后，该方法还用于未来地缘政治环境和形势的探索性研究。从最宽泛的层面上说，形态分析法是一种多维分类法。天体物理学家、工程师弗里兹·扎维奇（Fritz Zwicky）率先使用了形态分析法，对某一纯介质（如真空、空气、水、土壤）中运行的所有喷气式发动机进行分类。这一纯介质只包含简单元素并能被化学能激活。具体分类如表 11.2（括号中显示的是每类变体的数量）所示。

表11.2　扎维奇对喷气式发动机的分类

$p_1$1,2	内在或外在的化学活性物质	(2)
$p_2$1,2	内部或外部推力产生	(2)
$p_3$1,2,3	内在、外在或零加力	(3)
$p_4$1,2	内部或外部加力	(2)
$p_5$1,2	正喷射或负喷射	(2)
$p_6$1,…,4	可能的热循环（绝热的、等温的，等等）	(4)
$p_7$1,…,4	介质（真空、空气、水、土壤）	(4)
$p_8$1,…,4	运动（平动、旋转、振动、静止）	(4)

除了一些类别自相矛盾的情况外（例如，内部或外部推力产生不会应用于零加力的情况），还可能存在有 25344 种喷气式发动机的组合。通过检查不

同的组合，扎维奇提出了一些新发明，而这些发明后来也被研发成功了。[1]

扎维奇提出了采用形态分析法的 4 个原则：

1．必须精确地描述待处理的问题。（这是包括情报研究在内的所有分析或问题解决行为的基本原则。）

2．必须识别待分析对象的参数或特征。（必须全面识别——这一要求说起来容易，做起来难。）

3．所有参数或特征必须细分为特定的情况或“状态”，有时叫作外延特征。（如果包含连续现象，进行这一步或许比较难。例如，如果按速度分类的话，超音速和极超音速的区分就很细微。）

4．根据所分析现象的本质，对不同组合的外延特征的蕴涵进行分析，确定其可能性、似真性、可行性、实用性等等；如一个技术过程、一个设备或一种军事或政治条件。

在下面的例子（如表 11.3 所示）中，研究人员关注的是导弹可能出现的新技术发展。根据现存导弹的外延和内涵特征，可以生成一个矩阵，显示导弹实际的和可能的特征。在对未来可能的冲突进行的形态分析中，内涵和外延参数可能看起来像表 11.4 中所列。这里显示的这种矩阵已经被用来为博弈演练创造冲突情景。

表11.3 导弹的内涵特征和外延特征

内涵特征	外延特征
$p_1$1,2 能源	液体推进剂—固体推进剂
$p_2$1,2,3,4 速度	亚音速—音速—超音速—极超音速
$p_3$1,2,3 射程	短程—中程—远程
$p_4$1,2,3,4 制导方式	指令制导—航迹推算—定位—寻的
$p_5$1,2 弹头种类	单弹头—多弹头

[1] 原注：该事件与季米特里·门捷列夫预测未发现元素属性的事件相似。创建元素周期表的程序与形态分析法基本上一致。

表11.4 一个冲突场景的内涵参数和外延参数

内涵特征	外延特征
p_1 1, 2,…, n_1 地区	欧洲、中东地区等
p_2 1, 2,…, n_2 冲突等级	亚危机、严重危机、叛乱、核战等
p_3 1, 2,…, n_3 美国涉入冲突的原因	其中一方为美国的条约同盟国或传统友邦；与一方的思想观念一致；美国军事基地遭受威胁；原材料供应遭受威胁等
p_4 1, 2,…, n_4 战略目标	策划政变、对峙局面；鼓励通过谈判解决问题；惩罚一方；军事胜利等
p_5 1, 2,…, n_5 干预类型	通过外交途径求助于联合国，实行贸易抵制、贸易禁运、封锁，派遣顾问，提供武器，进行空中 / 海上封锁，派驻地面部队，实施战术核武器等

形态分析法只是显示了各种因素组合导致的概率，但是没有表明哪些组合会成为现实。除此以外，该方法能够对概率进行检验，并对目前的结果进行补充。

矩阵输出的位势值（potential value）是内涵分析和外延分析的质量函数。此外，研究人员需要一丝不苟并且富有创造力。形态分析法适用于科技情报分析，还可小范围内用于经济和政治情报的研究和分析。

十一、模型与建立模型

如前所述，模型源于现实，或者是现实的体现。换句话说，模型是简化的现实。只有那些对政策制定（或者建立模型的其他目的）起关键作用的现实部分才会在模型中体现。例如，在一个计算导弹系统成本的模型里，导弹的可靠性必须在模型中体现出来，因为它是系统的一项重要特性，而导弹的颜色和形状无关紧要，不需要在模型中体现。

如前所述，模型可以用来表现物体、程序或者功能。物体的模型经常是物理上的模仿。还可以通过尺寸和重量来象征物体并建立模型。过程可以通过描绘相关步骤顺序或事件，由模型静态地表现，例如流程图就是静态的过程模型。过程还可以动态地显示，仿真就是过程的动态模型。有时模型是关于过程和组织的理论构建，例如格雷厄姆·阿利森关于政府在3种不同情形下制定决策的行为模型。[1]

模型可以用物理或口头形式表示，但更多的是用数学形式表示。数学模型的优势是一旦模型建立起来并得到验证，就可以在方程式里代入不同的系数。因此，利用一个基本模型就可以得出与输入值对应的结果。在很大程度上，大型军事演习是由许多针对某情境中特定子因素的数学模型组成的，例如经济模型、冲突模型、政治模型等。

以下是模型中用来比较导弹系统成本的一个数学模型：

$$C = C_L m - RC_M Nm - C_M(1-R)m$$

其中，C 是模型输出值，即能够摧毁指定数量敌方目标的导弹系统的美元成本；

C_M, C_L= 成本系数（C_M 为一枚导弹的发射成本，C_L 为导弹保持预备状态的成本）；

R = 地面可靠性；

m = 每一次预备齐射的导弹数量；

N = 战役中齐射的次数。

在上述案例中，部分方程的输入值可能是其他模型方程的输出值。模型的一个优点是，即使数值不全，也能够进行决策制定。

由于模型和演习联系紧密，因此不难发现建立模型的步骤和设计演习的步骤相似。施佩希特列出了建立模型的4个步骤：(1) 确认与所研究问

[1] 原注：Graham T. Allison, *Essence of Decision: Explaining the Cuban Missile Crisis* (Boston: Little, Brown, 1971).

题相关的因素；(2) 选择可计量的因素（可用数值表示）；(3) 将相关可计量因素集合起来（“放在一起”），以简化问题；(4) 用可计量的方式详细说明各因素之间的关系。[1] 如果在现实世界中有模型的对应物，研究人员则可采用第 5 个步骤：比较模型的输出结果和现实世界中系统的输出结果（或特性），从而验证模型。

使用上述模型来计算导弹系统成本时仅需要一个便携计算器、一张纸和一支铅笔。但是显然，计算复杂模型时需要使用计算机。使用计算机时，如果程序不能实现某些功能，就需要创建专用的程序。尽管该步骤并未增加模型的复杂性，但确实增加了模型的使用成本。

几乎每个学术领域都存在着一系列的模型。情报分析研究中广泛应用了多种模型，如运输系统模型、粮食产量预测模型、导弹系统模型，以及各种冲突（如电子战、空中战等）模型。在创建模型前，研究人员需要明确已有哪些模型。创建模型和运行模型是耗费时间和金钱的工作，尤其当需要长时间运行计算机时。

十二、控制论模型和系统动力学辅助预测

当系统的构成因素可以确定，并且系统功能已知（理想的情况是能够用数值表示）时，可以使用控制论（反馈）模型作为预测的基础。简言之，系统是由意图、目标、任务或功能相同的人或物体构成的互动的组织。代表系统的模型必须对一些系统特征加以说明，如必须确定系统的边界。系统边界包含了系统中界定或确定系统行为的全部因素。

模型还必须说明系统的控制机制或反馈机制。反馈机制是调节系统功能的机制。在封闭系统中，系统过去的行为或反馈可以控制现在和将来的行为，而在开放系统中则没有反馈。在开放系统中，输出值由输入值得

[1] 原注：例子选自 R. D. Specht, “The Why and How of Model Building,” *Analysis for Military Decisions*, pp.66–67。

出，但输入值不受输出值影响。在简单系统中，可能只存在一个反馈环，而在非常复杂的系统中则存在许多反馈环。

反馈环有正负两种。正反馈环是其活动或功能持续进行，并在此过程中获得动量的环路。例如，在一个生态系统中，一个物种的数量在其捕食者被消灭后呈现几何级数增长。负反馈环是持续限制某一功能的环路，例如，在达到特定温度时关闭炉子的恒温器就是一个负反馈环。而在一个生态系统里，有限的食物供给会限制牧群的规模，这也是一个负反馈环。

另一个负反馈环的例子是，在一条军用供给线上，自动化系统能够持续监控补给物资的数量和类型，物资耗尽时会自动“订购”补给物资，接收物资后则自动“登记”新物资。该系统与图 11.9 类似。当然，该库存系统必须与其他系统相互配合，如运输系统和生产系统。这些系统的建模过程类似。

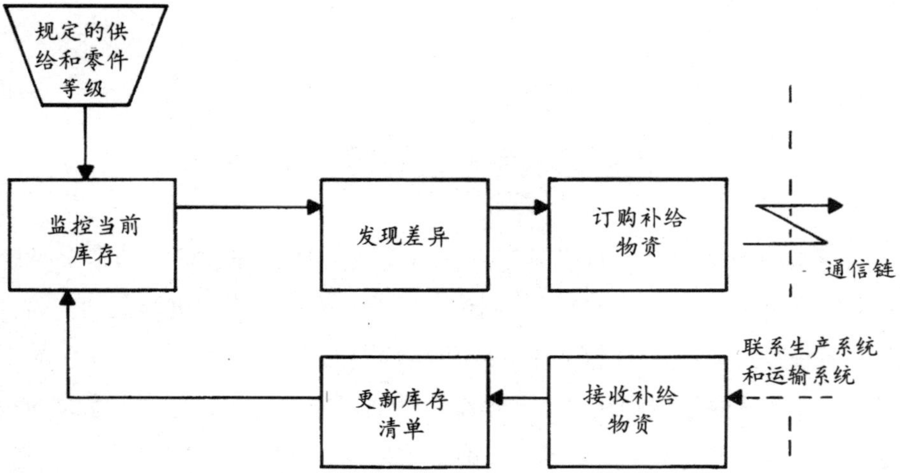

图11.9　自动化供给系统所展示出的负反馈环

简单系统总体上表现得比较简单，但是系统很快会变得复杂。另外，由于社会系统必须考虑人的因素，因此通常十分复杂。例如，系统动力学的创始人杰伊·福里斯特（Jay W. Forrester）曾创建过一个“控制论”城镇，其中包含了3种类型的组织、3种类型的住宅和3种类型的产业。为了表现81个组合之间的相互关系、他不得不使用了150多个方程式。

系统中常会出现一些有趣的模拟，研究系统动力学的原因之一是揭示多种系统的共性。卡尔·多伊奇[1]在研究政治学与控制论模型的关系时指出，反馈系统的能力可以根据校正来评估，一方面根据系统为获得某个输出值所需校正的性质，另一方面根据系统在限定时间内完成校正的可能性。这些能力由以下因素决定：(1）与目标追寻相关的系统信息负载；（2）系统反应滞后的情况（滞后越大，实现目标的可能性越小）；(3）增益，表现为反应强度比率和基本信息（控制过强或过弱的危险，例如恒温器被调节得很敏感，因此不断地开启和关闭加热装置）；(4）系统反应行为的引导。(例如，在问题出现的初期就采取相应措施预先防范。)

以上观察结果尽管是理论性的，但似乎与硬件模拟和真实的指挥控制系统都相关。例如，可以建立系统动力学模型来描述美国在两个相似事件中的行为，即朝鲜俘获美国“普韦布洛”号[2]和红色高棉俘获“马亚克斯”号[3]。

---

[1] 译注：卡尔·多伊奇（Karl Deutsch）是20世纪最著名的社会学家之一。他是捷克斯洛伐克人，主要从事战争与和平、民族主义、合作与交流方面的研究，因将计量方法、系统分析和模型思维引入到政治学与社会学领域而著名。

[2] 译注：“普韦布洛”号（Pueblo）是一艘美国货轮，1966年被改装为武装间谍船，装备着当时最先进的各式侦探设备，主要用于探测和监视朝鲜人民军在东海岸地区配属的雷达及通信设施。1968年1月23日，该船在朝鲜东岸的元山港外海的日本海海域执行情报搜集任务时，遭朝鲜方面勒令停船接受检查并以非法入侵领海的理由擒获，引发两国之间的政治紧绷，因而声名大噪，史称“普韦布洛号危机”。

[3] 译注：1975年5月12日，美国商船“马亚克斯”号（Mayaquez）正在暹罗湾航行时，被柬埔寨海军的两艘炮艇扣留，然后被押解到距柬埔寨本土大约97千米的威岛附近，次日凌晨又被押往通岛。当时船上共有39名船员。柬埔寨方面发表声明，指出“马亚克斯”号是为美国中央情报局服务的侦察船，因驶入柬埔寨领海而被扣留。美国方面则称，在航行途中的“马亚克斯”号事先并不知道柬埔寨方面的最新规定。5月15日，美国海军陆战队搭乘美国空军的CH–53直升机突击柬埔寨的通岛，意图解救美国集装箱船“马亚克斯”号船员。战斗中，柬埔寨军队的守岛人员击落3架CH–53“海上种

在这两个事件中，目标追寻行为与营救船只和船员相关。“普韦布洛”号事件中，系统反应存在着明显滞后，正如多伊奇指出的一样，随着滞后加剧，到达目标（即营救船只）的可能性逐渐降低。在“马亚克斯”号事件中，增益——系统反应强度比率和信息（俘获的事实）——与环境相吻合。由于敌对状况基本上仅限于在船只和船员被扣押的地区，因此系统反应引导合适与否还不能确定。

系统动力学模型建立的步骤与前面提过的演习和模拟的步骤相同：（1）界定问题；（2）确定相关因素和因果关系；（3）用可操作的符号形式（如数学模型）表示各因素及其关系；（4）根据经验或者专家的判断取得变量的值；（5）将模型的输出值与现实对应物进行比较，相应地校正模型。

尽管对动力模型的步骤进行了简要说明，但实际操作起来可能会比较困难。描述封闭的硬件系统模型，如工业控制和调节系统，或者某些自我调节的生态系统相对比较容易，但要确定一个经济系统或者社会系统的界限就比较难了。

系统动力学模型的预期价值同所有模型一样，依赖于模型的有效性和模型中数值的正确性。除了其预期价值外，另一个收获是模型创建者对所分析的系统获得了更透彻的理解。建立系统动力学模型的方法本身就是一个动态的、持续的改进过程，从最高级的概括开始，由上而下根据获得的数据逐渐细化（和复杂化）。在此过程中，模型得到改进和校正，直到其输出值与现实对应物关联起来。系统动力学模型属于系统分析方法的一种，它的独特之处在于其重点是系统中的调节和控制机制。

马”大型直升机，美军陆战队队员中15人阵亡，3人被红色高棉处决；另有一架美军CH–53直升机在泰国因机械故障坠毁，机上23名军人全数死亡，因此这次事件中美军共计死亡41人。

十三、小 结

- 预测质量是待预测现象的性质和关于该现象的基本假定的函数。
- 预测质量同样是模型有效性和模型中显示的假定有效性的函数。
- 有些所谓的预测法可以帮助研究人员深入理解系统或组织行为，这可能比预测法提供的预测结果更有价值。
- 下面列出了在前两章和本书其他地方出现过的多种方法，以及正在或可以应用该方法的战略情报组成部分，但没有显示该方法在各组成部分中使用的程度。显然，一些方法与某种组成部分的相关性更高。同时，该表也说明了，这些方法的目的是预测性的还是描述性的，以及这些方法所在的章节。

表11.5 各种方法和战略情报组成部分

方法	战略情报组成部分								方法的使用目的		
	人物传记	经济	社会	运输与电信	军事地理	武装部队	政治	科技		描述	预测
模拟	X	X	X	X	X	X	X	X		X	X
博弈论		X				X	X			X	X
军事演习		X				X	X			X	X
联系分析	X		X	X		X	X			X	X

（续表）

心理历史学和心理语言学	X						X			X	
社会计量学	X		X			X	X			X	
编码与分类	X	X	X	X	X	X	X	X		X	X
线性规划		X		X		X		X		X	
统计分析（变化）	X	X	X	X	X	X	X	X		X	X
德尔菲法		X					X	X			X
形成多元未来		X	X			X	X	X			X
模型与建立模型		X	X	X	X	X	X	X		X	X
形态分析法				X				X			X
控制论模型和系统动力学		X	X	X		X	X	X		X	X
外推法		X	X	X				X			X
贝叶斯分析		X		X		X	X	X			X
回归与相关		X	X	X			X	X		X	
概率图		X		X			X	X			X
图表描绘		X	X	X	X	X	X	X		X	X
内容分析	X	X	X	X	X	X	X	X		X	X

[第十二章]

报告撰写

本章讨论了研究项目四个阶段中的最后一步，即报告撰写阶段。在计划适当、实施有效的研究项目中，当拥有充足信息用于分析时，报告撰写就开始了。实际上，在信息搜集阶段整理参考文献时，报告撰写就可以开始了。在研究项目的每个阶段，做好规划是必要的，它既能确保有足够的时间来撰写报告，也可保证在必要时获得援助——如来自打字员、美编、编辑和评审的不同形式的帮助。报告撰写需要的时间总是比预计的多。遗憾的是，在报告撰写阶段，研究人员通常在时间和经费上已几乎没什么机动余地了。因此，预先规划尤为重要。

报告撰写意味着写作，写作占据了报告撰写阶段的大部分时间。然而检查脚注、编辑参考文献、检查修改、校对等工作可能需要与写作几乎一样多的时间。如果在撰写过程中不把这些因素考虑在内，常会导致在报告提交前几天或几小时抓狂。本章讨论了报告撰写技巧，阐述了说明文的特点和格式规范，并介绍了一些能帮助写作者的基本方法。

一、格　式

在自选研究项目中，研究人员在选择适合的报告格式[1]上有很大的灵活度。如果报告要按学术要求提交，那么格式就必须遵循学术规范。如果作者想在专业期刊上发表自己的报告，就必须遵循该期刊所要求的格式。如果不进行大的修改和压缩，学术论文是不适合在专业期刊上发表的。论文读起来常常过于学术化，即使大型出版社也不会采用论文的原始格式。项目主管或导师可以推荐适合的格式，因为最终是由他们来评判产品。计划研究项目和自选项目目的不同，格式也不同。计划研究项目是为了解答具体问题，在计划下达时研究人员就被默认有能力完成该任务。任务完成后，产品的完整性和精确性被评估，一般不需要评估研究人员的能力；即使评估，也只是间接地进行。

对自选研究项目，尤其是对完成学术要求的自选研究项目来说，研究报告是评估研究人员技术能力的标准。因此，在计划研究报告中很少出现的内容，可能在自选研究项目中却非常重要，文献综述就是一个重要的例子。在计划研究项目中，报告评审者认定研究人员已查阅过所有直接和间接引用的资料，因此报告中不需要大量综述。然而，在学术研究中，指导者需要证据来显示研究人员已查阅了其领域内的基础文献，并且结论是建立在可靠的信息之上的。因此，文献综述是学术研究产品的一个重要部分。

在格式上，计划情报研究项目和自选项目的另一个显著不同，是研究结论的论述方式不同。通常情况下，在计划研究项目中，报告从问题陈述开始，接着是结论或建议，最后是论证。然而，在大多数学术报告中，先是明确问题，然后讨论与主题有关的因素，最后是结论。

---

[1] 原注：注意格式规范会定期改变，因此，最新的文件应被当作指南，这点很重要。

在很大程度上，大多数学术型研究报告包含3个部分：(1) 开头部分，包括书名页、批准页、前言、致谢、目录和图表目录；(2) 报告正文，包括问题陈述、文献综述、研究结论和结尾；(3) 参考文献及附录（如需要的话）。

威廉·吉尔斯·坎贝尔的《论文写作的格式与风格》[1]是一本关于论文和报告撰写的标准文献。该书内容包括脚注、参考文献、形式和格式，特别有用的是列举了许多形式模版。另外一本可以参考的文献是乔治·谢尔顿·哈贝尔的《学期论文和报告写作》。[2]这本书中讲述得比较全面，讨论了搜集、评估信息和撰写报告的步骤。然而，这本书中缺少像威廉·吉尔斯·坎贝尔书中那样的细节。

如果作者想在美国政府机构以外的地方公开出版自己的作品，应参考《文体指南》[3]这本书，它是面向作家、印刷商和出版商的，关于印刷和其他规范的基础著作。如果一个机构没有自己的文体指南，或如果报告作为美国政府官方文件出版，就应遵循《美国政府文体指南》。[4]要注意的是：不同版本的指南有细微差别，同一本指南的新版本也许会包含重要的变化。无论使用何种指南来规定形式和格式，一份报告应始终只遵循一种指南。[5]

---

[1] 原注：William Giles Campbell, *Form and Style in Thesis Writing* (Boston:Houghton Mifflin, 1954).

[2] 原注：George Shelton Hubbell, *Writing Term Papers and Reports* (New York:Barnes and Noble, 1962).

[3] 原注：The University of Chicago Press, *A Manual of Style* (Chicago: The Universityof Chicago Press, 1969).

[4] 原注：United States Government Printing Office, *U.S. Government Style Manual* (Washington, DC: Government Printing Office, 1978).

[5] 原注：例如，对于有多个作者的著作，根据坎贝尔的《论文写作的格式与风格》，"正确"参考文献格式是颠倒第一位作者姓名的顺序，即姓在前、名在后，其他作者按传统的姓名排列顺序，即名、中间名缩写、姓。但是，在杜拉宾的《作者指南》中，所有作者的名字都要颠倒位置。参见：Kate L. Turabian, *A Manual for Writers of Term Papers,Theses, and Dissertations* (Chicago: The University of Chicago Press,1973)。

二、恰当地使用提纲

在研究报告的撰写过程中，不用提纲是不可思议的事情。实际上，当研究项目被分派下来或被批准时，就常常要提交提纲。但是，提纲仅仅是个指导，并不应被作为模板，作者在撰写过程中可能会发现最初的提纲不再适合他的目的。因此，提纲必须根据作者的要求制定，并在必要时进行修改。当然，这些修改是有限制的，大的改动要得到项目主管或导师的批准。那些办事拖拉的人常把提纲作为一种“拖延战术”。他们总是声称准备提纲需要更多的细节，并无限地调整、再调整小标题。但是，这种战术对完成报告撰写没有任何帮助。当截止日期临近时，作者只有把提纲放到一边，继续做撰写内容的主要工作。

三、定下工作节点

在很大程度上，开始了项目又松懈下来很浪费时间，因此要努力减少这种时间浪费。一种方法是安排相对大块时间用于写作。一小时用于记笔记是很充分的，但一小时用于恢复前一天思路的连续性几乎是不够的。不管写的内容如何少，开始写作仍需花费同样多的时间。因此，一次用于写作的时间越长，效率越高。

另一种缩短开始时间的方法是，在某一部分的中间——例如段落的中间——就结束当天工作。这样，当第二天继续写作时，作者可以有一个框架可循。在开始阶段写出第一个词是写作过程中最难的一步，熬过酝酿阶段，思路总会很流畅。因此，应在临近每段工作结束时进行酝酿工作。

四、避免干扰

干扰令人讨厌，对于努力将难以表述的概念转化成文字的作者来说，干扰还会破坏思路。一些作者在工作时会变得“与世隔绝”。例如，他们也许会隐退到独立工作室，也许会不接电话，也许会锁上自己办公室的门。如果是在一个拥挤的办公室，他们也许会布置办公桌，让自己面对一堵墙。这些行为并不怪异，而是为了减少分心，提高效率。

尽可能在同一个地方工作会提高效率，这样能保证在任何时候、任何地方需要材料时，都能获得大多数必要的材料，同时也能排除新环境带来的纷扰。另一种提高效率的方法是，设置目标。例如，一些作者制定每日具体的字数目标或打字页数。无论用哪一种方法都是一种自律的方式，对于按时写出一份令人满意的研究报告是必要的。

遵守语法标准是恰当风格的基础，但仅有正确性是不够的。“恰当”风格指书面材料“读起来舒服”，且表达清晰、明确、自然、简明。在正式写作中，最好的风格通常是自然而不着痕迹的。好的写作重在表达思想，而不是将读者的注意力集中在句法上。下面是关于提高写作效果的一些建议。

五、多使用主动语态

例如，“我们得出结论”的语气强且有力，比“被人们相信的是”的表达更直接。再如“数据支持结论”比“结论被下面的数据所支持”更好。主动语态严密、不含糊，而且比较简短。多年以来，学术写作标准要求使用第三人称。例如，本书除了在本章论述“规范”时使用第二人称外，其余都使用第三人称。然而，对于有些特定写作体裁，使用第三人称需要更多的词语来表达。例如，使用“我们相信”这个表达要比使用“被人们相信的是”这个表达更直接和简短，又如“现在比较数据”比“数据现在应该被比较”更好。尽管写作规范（更不用说品位）要求学术文章里作者被弱化，且不使用人称代词（我、我们、你、你们、我的、我们的），但有时为了表述清晰、直接和简明，人称代词也常被使用。学会什么时候和怎样违背第三人称规则是一门必须掌握的技巧。然而，为了统一起见，无论作者选择了哪种人称、语态或语气，都必须始终使用同一种。

六、使用简单句

没有什么句型比简单句最能恰当地表达意思。不可否认，过多使用简单句会妨碍语篇的流畅，但简单句通常明确、直接和短小。奇怪的是，简单句并不经常使用。副词会弱化句意，大多数时候没必要使用副词。形容词也会弱化句意，但有时它们是必须的。当需要表达细微差别时，应使用副词和形容词。建议只采用被认可的拼写、术语和缩写，即使这样可能会压抑个人的创造力。不正规的拼写、难懂的缩写、过于专业的术语滥用，会使人对作者印象糟糕。更糟糕的是，它们也使主题思想变得难以理解。[1]

七、写作要适应读者水平

为了使写作适应读者水平，研究人员必须分析其读者群，考虑读者的受教育程度、背景及对主题的熟悉程度，并据此调整自己的写作。如果所写的报告是为决策提供借鉴，那么材料的组织和结构样式就应有助于繁忙

[1] 原注：Theodore M. Bernstein, *The Careful Writer: A Modern Guide to English Usage* (New York: Atheneum, 1965).

的决策者制定决策。另一方面，如果报告的目的仅仅是提供新信息，行文就可以更松散些。在任何正式写作中，不论读者群如何，都应避免使用陈词滥调、口语以及大多数成语类表达。

八、脚注和参考文献

脚注有两种。第一种脚注用于扩展或阐明正文，脚注内容如放在正文中会破坏语篇连贯性或分散读者注意力，就应使用这种脚注。第二种脚注是引证参考来源，这种脚注表明了作者在正文主体部分所提出论断的权威性，当作者直接或间接引用其他权威作品时应使用这种脚注。在某些类型的官方报告中，脚注也用来阐明报告撰写小组中分歧者的不同观点。

脚注为读者提供服务，它标注了相关附加信息的出处，指明了作出观察和结论的权威人士，同时还表明了正文主体部分的论断不只是作者个人的观点。就最后一点而言，脚注增加了作者的可信度。注释可放在页脚、章节末尾或正文最后（但应在参考文献之前）。不同机构对脚注的位置要求不同。为了方便读者，最好把脚注放在页脚。不停地翻到正文最后查看注释是令读者厌烦的，除了那些细致而坚持不懈的学者们，很少有人会查看章节后面的注释或正文最后的注释。

不同出版社和机构的脚注形式稍有不同，但是所有脚注都包含一些相同的信息，如作者、书名、出版信息（出版地、出版社名称和出版日期）、书卷编号和页码。期刊不用列出版地，不过其他信息同上。关于不同形式脚注的详细信息，可参考凯特·杜拉宾和威廉·吉尔斯·坎贝尔的手册。上述手册在数十年间一直是学者的基本指南。

参考文献通常要列出报告撰写过程中参考过的所有文献资料。在大多数情况下，撰写报告期间所参考过的文献比列在参考文献中的要多，因此，参考文献只需有代表性地列出与报告最相关的文献。但是，任何被引用和在脚注中注释的文献都应列在参考文献中。参考文献也可列出作者推荐的相关书籍。然而，情报报告却很少包含这种参考文献。

与脚注一样，根据不同出版社或主管机构的要求，参考文献条目可采用多种不同格式。在列参考文献之前，应参考合适的格式样本手册。

与脚注不同的是，参考文献条目必须按某种方式来组织或分类。一种常用的方式是，按照书、期刊和专题报告来分类。在每一类中，具体的条目可以按作者姓名的字母顺序排列，也可按出版时间排列，或按题名排列。总之，脚注和参考文献都是为读者服务的，它们说明了信息的出处和怎样找到这些文献。脚注和参考文献用什么格式并不是最重要的，最关键的是条目要正确、完整，格式要前后一致。鉴于此，在一个报告中只能用一种文体指南作为标准。

九、检查和修改

在报告被提交前，需要经过多次阅读和修改。通常，作者一边写作一边检查和修改。作者可以将草稿的一部分搁置几天（如果时间允许的话，可搁置几星期），再次检查草稿。那些具有审美意识的作者可能会沮丧地发现，之前细心挑选的词现在显得难以理解。检查过程中，作者还会发现思路不通，句法混杂，假定没有提出，而且仍有明显的低级错误。唯一的解决办法就是认真修改、大力增删，并再次检查。

对作者来说，较难的一件事是将自己的报告交给同事们评审。将自己的弱点暴露在同事面前需要勇气。尽管这样可能会令人不愉快，但这一步必不可少。其他人的不同观点有助于发现报告中隐藏的偏见、无论据支持的论断以及错误的逻辑，而很少有作者能自己发现上述问题。一次检查和修改的量取决于作品的长短。如果是一本书，那么把章节分开来检查和修改比较合乎逻辑。如果是篇幅较短的报告，那就应一次检查和修改整个报告。理想的做法是完成一章检查一章，这样可以避免在时间和经费紧缺的时候，推翻原稿而重写全部报告。

如果作者能雇佣或使用编辑就太幸运了。好的编辑能发现作者未发现的错误和不足。如果作者能遵从编辑们的建议，那么好的编辑就能大幅提高文章的质量。若没有编辑，同事也可以，但研究人员的同事中很少有人具备像训练有素的编辑那样的技能。报告检查完后常常要修改，修改不仅耗费时间，也很烦人，但对于排除难以避免的错误来说，却是必不可少的。例如，拼写错误常是意想不到的，成稿中难词很少出现拼写错误，因为作者通常会检查难词；而熟悉词却经常拼错，因为作者往往认为这些词是正确的而不费心去检查。报告草稿在提交前最后检查时可能还存在一些“技术”错误，如排版错误。对内容熟悉的检查者这时会看得很快，因此经常发现不了那些“技术”错误。所以，重要的一点是应让对内容不熟悉的人检查。

在经历了整个出版周期后，几乎任何报告、论文和书籍都难免有些错误。但每位作者仍应以无错误的作品为目标。在最后的印刷品中，作者和检查者都没发现的细小错误会被放大呈现，只要作品仍被阅读，这些错误对作者而言就是一种难堪。

十、小　结

- 在典型的研究项目中，尽管报告撰写阶段是研究活动的最后一个阶段，但也不必到最后一个阶段才开始撰写。实际上，一旦资料足够，就可以开始准备报告。
- 在前期的每个阶段都是如此，为了确保有充足的时间来完成一份高质量的产品，前期规划很重要。
- 报告的形式和内容应适应读者的需求。如果报告是一个计划研究项目的产品，就必须遵循主管单位或机构的格式。如果报告是自选研究项目的产品，就必须遵守标准参考手册中规定的格式。
- 与格式和内容不同，报告中材料的组织方式很大程度上是个人喜好问题。作者应决定哪种方法和步骤适合自己，并持续一贯地坚持这种做法。

- 作品的风格多种多样，但对说明文而言，最好的风格应该是最平实的。对报告而言，好的风格特征应是陈述清晰、简洁而明确。在学术和科技写作中，建议遵循公认的语法标准、少用修饰语、多使用主动语态，并使用标准术语。
- 在正式研究报告中，通常有脚注和参考文献。脚注的作用是注明文中论断的来源或作者，或者给读者提供补充信息。脚注和参考文献可为读者提供辅助，所以应包含足够多的信息，以便读者在独立研究时能找到所需的作品。无论脚注使用哪种形式或格式，使用时都应该前后一致。
- 在报告撰写的整个过程中都伴随着检查和修改。然而，在提交最后一稿用于出版前，应将该稿交给编辑或作者的同事进行审阅。章节检查完时，就应进行修改，这样可以避免作者在时间很紧迫的情况下重新撰写整个报告。
- 书面报告常常是唯一能体现作者数月甚至数年潜心研究的事物。报告的质量代表了研究的质量，因此应竭尽全力去撰写一份高质量的报告。

[第十三章]

小型情报研究案例

前面章节描述了情报研究的各个阶段，以及适用于情报研究的各种方法。本章将描述本书的一位作者于 1972 年在韩国展开的一项短期研究。这项研究没有包括本书中介绍的所有步骤。由于时间有限、资源匮乏，且该研究是自选项目，因此研究人员在界定问题范围以及描述职权范围方面自由度很大。另外，由于是自选研究，因而没有审阅周期。但遗憾的是，无法控制信息搜集方式，稍后会做出解释。

该小型案例不是开展情报研究的理想案例，只是呈现了情报研究人员在操作受限的典型情况下如何实际工作的。

一、问题的背景和来源

越战结束后，朝鲜和韩国存在着低强度的冲突。这些年来冲突强度不断变化，在 1968—1969 年间达到高潮：朝鲜派遣了一支行动队去刺杀韩国总统朴正熙，一支 100 多人的朝鲜突击队袭击了韩国的三陟市和蔚珍郡地区，结果是“普韦布洛”号被劫以及 EC–121 飞机被击落等。

从 1969 年到 1971 年，朝鲜军队的敌对行动持续不断，但是强度和次数在减弱。1971 年冬天和 1972 年春天，朝鲜的外交行动出现新局面，尽管朝鲜媒体仍责骂美国，但一些观察员却发现朝鲜对韩国的态度开始缓和。例如，1972 年 1 月 16 日，汉城第 24 心理战特遣队的一名分析人员发现，朝鲜在统一问题上的态度似乎发生了变化。

简言之，朝鲜传统上认为只有当美国部队全部撤离朝鲜半岛后，朝鲜和韩国才可能缔结和平条约。然而在 1 月中旬，朝鲜中央通讯社（KCNA）在关于金日成与一名日本社会党官员会面的报道中表示，该立场已经转变，现在即便美国军队实际没有撤离，朝鲜和韩国也可能会缔结和平条约。

如果情况属实，这种政策上的转变不仅影响韩朝关系，也影响美国对韩国和朝鲜的外交政策。当然，需要确定的是，这种表面上的变化能否反映真实情况。大体上，研究被界定为朝鲜在缔结和平条约方面的立场是否正在改变（或者已经改变）。

二、规划研究项目：问题界定

如前所述，该小型研究项目基本是自选研究。研究人员当时正与第 24 心理战特遣队合作完成陆军部下达的一个大型基本研究项目，没有足够的时间或资源来做彻底详尽的研究。此外，研究人员的资料有限，只能依靠可获得的或对方提供的资料，并没有进行广泛的信息搜集。

在问题界定阶段最终建立了 3 个假说，稍后将简要描述。在建立假说前还做了一份分析报告，分析了朝鲜媒体对其政策报道的一致性。这项临时研究旨在明确，朝鲜媒体对其缔结和平条约立场变化的报道能否反映现实。以下简述此小型的临时研究，因为它包含了前面章节提到过的许多分析步骤。

为了明确朝鲜关于统一问题的政策是真是假，首先需要确定金日成会见日本社会党领导人之后朝鲜公开声明的一致性。需要注意的是，大型的、总体的研究问题经常引发小型的、具体的研究问题。在正式的研究项目中，这种“蒸馏法”步骤并不罕见，它是把问题限定在可控范围内的一个重要步骤。

为了确定朝鲜公开声明的一致性，研究人员审查了从1972年1月16日至4月30日所有通过普通频道接收的朝鲜中央通讯社节目。敏感的读者回想起第九章关于抽样的阐述时会发现，此例中的“样本”和整个抽样过程都有缺陷。例如，通讯社发布的新闻是由对外广播新闻处（FBIS）提供的，而据对外广播新闻处发言人称，当时对外广播新闻处对朝鲜通讯社的信号传输实施的是临时监控。如果传输内容被监控者认为重要，其内容就会被转录下来；如果传输内容与监控任务不相关，就会被忽略掉。因此，研究人员无法获知朝鲜中央通讯社实际播放报道的次数、频率或周期。简言之，研究人员只能利用提供给他们的材料。这种情况在情报研究分析中并不少见。[1]

被审查的成百份通讯报道中，有78份是关于和平倡议的。值得注意的是，这个审查过程包含了信息搜集的查询和调查阶段。被审查的报道是通讯社在1972年1月16日至4月30日期间发布的。研究人员在检查并鉴定了每一份与统一问题相关的通讯社报道后，将这些报道分类并进行编码。根据报道，1971年4月12日至1972年1月10日，朝鲜提出了四份不同的和平倡议，其中一份在发布时给予了特别报道。[2] 信息编码和分类的步骤与本书前面章节中描述的相似，首先确定分类类别，然后将信息（本例中的通讯社报道）按所符合的类别归类。

将信息分类后，研究人员对通讯社报道一致性的相关假说进行验证。为了行文简洁，这里省略了验证的细节。总之，结论是：通讯社在1972年1月16日至4月30日之间关于和平倡议的报道是高度一致的。尽管也

[1] 原注：这段时期朝鲜与北越南和中国相比，优先级相对低些。考虑到资源有限，可以理解政府研究人员对优先级相对低些的目标抽样时反应不及时。因此，研究人员使用的数据样本的代表性很值得商榷。

[2] 原注：朝鲜在过去发出了大量倡议。大多数倡议是走“强硬路线”，显而易见不可能被韩国接受。这个小型分析的重点是，确定在金日成“划时代”新倡议之后的倡议是否沿用了以前的强硬立场。

提到了早期的（较局限的）倡议，但攻击性较强的倡议都是由外交发言人提出的。而最近的倡议，即显示政策变化的倡议，是被共产党骨干成员多次提及的。该结论成为大型问题研究的输入信息之一。最终，大型研究要确定朝鲜是否改变了其先前关于和韩国签订休战协议的政策，这才是本项研究的主要关注点。

三、建立假说

在分析了朝鲜关于统一问题公开声明的一致性（及其他观察到的现象）后，研究人员建立了与朝鲜“和平攻势”相关的 3 个假说。建立以上假说用到归纳法，这一点在书中阐述过并多次提到。这些假说如下：

1. 朝鲜正在试图缓和半岛上存在了 27 年的敌对气氛。（为了方便起见，将其称为“和平假说”。）

2. 朝鲜正在维持先前的紧张态势。（将其称为“一切照旧假说”。）

3. 朝鲜正在施行一个欺骗计划，该计划声称要发出和平倡议，借此来掩饰其敌意。（将其称为“欺骗假说”。）

通过研究以上 3 个假说后发现，第 3 个假说与前两个并不相互矛盾，尽管它与前两个“相反”。当然，这 3 个假说没有涵盖所有可能的假说。[1]

四、信息搜集

在很大程度上，研究人员既没有资源，也没有权力来开展实质性的信息搜集工作。因此，研究人员不得不接受来自普通渠道的信息。在某些情

[1] 原注：需要注意的是，研究人员首先要完成的任务之一是确定可能假说的范围，旨在建立数量适中的合理假说。前面章节提到过，最少要建立 3 个假说，本案例的做法正是这样。

况下，与非军事区发生事件或情况相关的信息是由情报部门提供的。以上这些信息都不需要详细的统计分析。

五、分析与发现

下面将挑选一些有重要意义的研究事件进行阐述，而非描述所有的研究信息（观察到的现象）。每一个或每一组观察到的现象都针对 3 个假说进行了测试，旨在决定观察到的现象最支持哪个假说（此处同样适用贝叶斯分析）。

1. 1972 年 1 月 15 日，朝鲜中央通讯社长篇报道了金日成会见日本《读卖新闻》编辑委员会的情况，其中金日成回答了 1 月 10 日记者提出的一些“问题”。在谈到统一问题时，金日成倡议“如果美帝国主义侵略部队从韩国撤兵，朝鲜和韩国将缔结一份和平条约，且朝鲜和韩国将大幅裁减军队”[1]。

研究人员并不清楚此倡议中事件的先后顺序，例如，是在美国军队撤兵之后还是撤兵之前签署和平条约呢？这种模糊性在下一步分析时十分重要，因为只要上述金日成的倡议成立，那 3 种假说似乎都可信。根据这一点，分析人员对所有 3 种假说都一视同仁。

2. 从 1 月中旬开始，朝鲜中央通讯社几乎每天都提及 1 月 10 日的和平倡议。通过随后采访金日成以及金日成会见日本社会党官员川崎宽治的情况看，许多字面上的模糊性得到了澄清。很明显，谈话的含义是朝韩可能会在美军撤兵前签署和平条约。研究人员倾向于将该观察到的现象视为支持和平假说，尽管并没有完全排除欺骗假说。

---

[1] 原注：为避免对日期产生混淆，金日成最新的“和平提议”据称是在 1 月 10 日的会谈中提出的。根据 1 月 15 日朝鲜中央通讯社报道，在稍后的另一次会谈上，金日成进一步阐明了 1 月 10 日会谈中提到的倡议。该报道在 1 月 16 日被第 24 心理战特遣队分析人员获取。

3. 如前所述，朝鲜对和平倡议的新闻报道在一致性方面存在一点点偏差。分析显示，朝鲜对和平倡议的报道高度一致，只是偶尔回到“强硬路线”的立场上，然后将此立场归因为外交发言人所为。这种一致性支持和平假说，同样并没有完全排除欺骗假说。

4. 分析必须考虑整体的背景环境。1971 年 8 月，朝韩双方的红十字会代表成员开始定期会谈，商讨解决离散家属团聚和其他人道主义问题。最初，朝鲜中央通讯社的新闻报道对韩国红十字会的倡议进行了强烈批评，而盛赞朝方的倡议。然而 1972 年 1 月后，朝鲜新闻报道的口吻发生了改变，很少再出现对韩国红十字会的直接批评，新闻报道从根本上开始变得真实客观。朝鲜中央通讯社态度的转变反映了双方代表们取得的进步。经历了数月的分歧和僵局后，双方最终达成一项议程，并计划进行全面对话。有意思的是，朝韩双方红十字会代表团安装了一部通信联络热线电话，这成为一个预兆。谩骂攻击的状况得到缓解，这与双方红十字会会谈取得的成绩是分不开的。这些情况都明显支持和平假说，欺骗假说位居次席。

5. 回到“和平倡议”的话题上，2 月中旬，随着苏联和中国媒体都赞扬 1 月 10 日的倡议是“划时代的”，研究人员对朝鲜“新”倡议的所有疑虑迅速消失。另外，美国媒体报道了《华盛顿邮报》记者塞利格 · 哈里森与朝鲜发言人在日本会面的情况。尽管这次会面是非官方的，但哈里森对此的评论在和平假说下看似完全可信。研究人员再一次选择了和平假说，而非“一切照旧”假说或欺骗假说。

6. 通常，分析人员对“对立方”的了解都是通过媒体间接获得的。但非军事区两边的朝韩两国却有更直接的接触，这种接触有两种类型：一种是“象征性的”，另一种是真实的。象征性接触以喇叭广播的方式进行。真实的接触是通过武装渗透和间谍活动进行的。至于朝鲜的喇叭广播，其语气在 1972 年春天发生了显著变化。根据韩国国防部的一份声明显示，“共产主义宣传通常都充斥着谩骂和诽谤的字眼，但现在其内容和措辞都发生了显著变化”。此外，声明还表示，朝鲜的喇叭广播从一天 25 次减至约 16 次。该现象驳斥了“一切照旧”假说，支持了和平假说。当然，欺骗假说仍旧可行。

7. 朝鲜的喇叭不是唯一发生变化的媒体。一项对朝鲜中央通讯社的监控报告显示，通讯社发布的报道中，反韩言论的数量从 1 月份的 27.4% 减至 4 月份的 10.2%。这个现象同前面一样，排除了“一切照旧”假说，支持了和平假说。[1]

8. 言行一致时，说话的可信度才高。研究人员推理，如果朝鲜的挑衅行为、敌对行动和其他类似行为减少的话，才能证明朝鲜在其声称的和平倡议上真正有诚意。本案例中观察到的现象可以从韩国国防部的一份声明中得到印证。声明的一段摘抄如下：

> 在过去 7 个月里，朝鲜既没有派遣武装游击队员也没有派间谍渗入到韩国……从去年 12 月份开始的 7 个月里也没有侦察到一起间谍渗透活动。朝鲜方面违反停火行为的数量在今年的前 6 个月削减至 7308 起，而去年同期为 7900 起。自今年初，（朝鲜）共产党员煽动了 168 起边界挑衅行为，比去年同期减少了 50%。[2]

该现象毫无疑问反驳了“一切照旧”假说。显而易见，朝鲜对韩国并没有采取与过去相同的做法。虽然还不能完全排除欺骗假说，但事件的复杂程度使该假说可信度不大。简言之，观察到的现象最支持和平假说。

研究人员对这项历时 4 个月的分析研究进行了总结，最后推断：通过目前观察到的现象（如表 13.1 所示），朝鲜实际在言行上奉行一种“和平攻势”政策。欺骗假说虽没有被证伪，但可能性不高。“一切照旧”假说

---

[1] 原注：尽管这个分析研究比较粗略，但要确定减少比率仍需用到一些简单的统计方法；而要确定言论是敌意的、中性的或者缓和的，也需要对其进行编码和分类。

[2] 原注：汉城合同通信社（Seoul Haptong），1972 年 7 月 5 日，格林威治标准时间上午 9 点 14 分。

被证伪，因为很多现象直接驳斥了该假说。

表13.1 根据观察到的现象对 3 种不同假说进行评估

观察到的现象	假说		
	和平	一切照旧	欺骗
金日成与《读卖新闻》编辑的会面	√	√	√
金日成与日本官员川崎宽治的会面	√		√
朝鲜中央通讯社报道和平倡议的次数	√		√
对和平倡议报道的一致性	√		√
朝韩对话的进展	√		
朝鲜对红十字会会谈报道“语气”的变化	√		
与《华盛顿邮报》记者的“非官方”会面	√	√	√
喇叭广播宣传次数和强度的降低	√		
自 1972 年 1 月未捕获渗透分子	√		
违反停火行为数量的减少（比去年同时期减少了50%）	√		
（朝鲜中央通讯社）反韩言论的减少	√		

六、验　证

难能可贵的是，情报分析人员的结论在 1972 年 7 月 4 日得到了证实，当时朝鲜和韩国签署了一份内含 7 个要点的联合公报。其中包括：一份关于统一三原则的协议；一份停止“诽谤和中伤”另一方、停止煽动武装挑衅行为的协议；根据早前红十字会的谈判结果，双方同意安装一部永久性的、平壤和首尔间的直拨电话。总之，该公报极大地支持了和平假说。

在该项研究结束后，越南、老挝和柬埔寨发生的事件深刻影响了朝韩双方。因此，该项研究的结果在今天看来已没有实质的意义，但这恰好反映了多数情报研究的一个显著特性：其价值稍纵即逝。

词汇表

absolute difference 绝对差
accessibility of data 数据的可访问性
additive law of probability 概率加法律
aerial reconnaissance 空中侦察
agent 特工
analogy 类比
anti-submarine warfare（ASW）反潜战
association matrix 关联矩阵
assumption 假定
automated data storage and retrieval system 信息自动存储和检索系统
available resources 可获得的资源

bar graph 条形图
basic intelligence 基础情报
Bayesian analysis 贝叶斯分析
binomial distribution 二项式分布
biographic intelligence 人物传记情报

causal factor 起因

causal relationship 因果关系
classification system 分类体系
class interval 组距
closed system 封闭系统
coefficient of variation 变异系数
collection requirement 搜集需求
command hierarchy 指挥体系
communication media 通信媒介
component part 组成部分
conceptual model 概念模型
conditional probability 条件概率
confidence level 置信水平
conflict situation 冲突环境
connotative meaning 内涵意义
contingency planning 应急计划
control mechanism 控制机制
controlled variable 可控变量
correlated factor 关联因素
correlation 关联关系
cost/benefit ratio 性价比
covert intelligence system 秘密情报系统
creative thought 创造性思维
credibility 可信度
cultural bias 文化偏差
current intelligence 动态情报
current reality 现实情况
current stock 当前库存

data analysis 数据分析

data collection 信息搜集

data processing 信息处理

deceptive measure 欺骗手段

deductive logic 演绎逻辑

deductive process 演绎过程

deductive reasoning 演绎推理

Delphi technique 德尔菲法

demilitarized zone（DMZ）非军事区

demonstrative reasoning 演示性推理

denotative meaning 外延意义

dependent variable 因变量

descriptive research 描述性研究

descriptive statistics 描述统计

Dewey decimal system 杜威十进制分类系统

diagnostic system 诊断系统

dichotomous scheme 二元设计

discrete data 离散数据

early warning network 预警网络

ecological system 生态系统

economic intelligence 经济情报

economic vulnerability 经济脆弱点

electromagnetic radiation 电磁辐射

electronics intelligence（ELINT）电子情报

eight-digit grid coordinate 八位数方格坐标

envelope curve 包络曲线

estimative/predictive intelligence 推测 / 预测类情报

exponential distribution 指数分布
extrapolation 外推法

faulty logic 错误的逻辑
feedback loop 反馈环
feedback mechanism 反馈机制
frequency distribution 频数分布

game theory 博弈论
geographic intelligence 地理情报
geographic location 地理位置
Gestapo 盖世太保
group characteristics or properties 群体特征或属性
Guttman Scale 格特曼量表

histogram 柱形图
human intelligence（HUMINT） 人力情报
hypothesis formulation 假说建立
hypothetico-deductive method 假说—演绎法

imagery intelligence（IMINT）图像情报
independent variable 自变量
index classification 索引分类
indicator 指标
induction 归纳
inductive process 归纳过程
inferential statistics 推断统计
information science 信息科学

initial algorithm 初始算法

initial outline 初步大纲

initial planning step 初始计划阶段

intelligence collection 情报搜集

intelligence collection device 情报搜集工具

intelligence community 情报界

intelligence cycle 情报周期

intelligence evaluation 情报评估

intelligence information report (IIR) 情报信息报告

intelligence manager 情报管理者

intelligence organization 情报机构

intelligence personnel 情报人员

intelligence product 情报产品

intelligence production 情报生产

intelligence research and analysis 情报研究与分析

intelligence research methodology 情报研究方法论

intelligence staff officer 情报参谋

intelligence transmitter of facts 情报事实传播物

intensity of the conflict 冲突强度

intentional transmitter of facts 有意的事实传播物

internal dissent 内部异见

internal security 内部安全

interval scale 定距尺度

KGB 克格勃

least-squares method 最小二乘法

Library of Congress classification system（美国）国会图书馆分类系统

likelihood ratio 似然比
linear programming 线性规划
linear regression 线性回归
link analysis 联系分析
link diagram 联系图表
literature review 文献综述
load-carrying capability 承重能力
logical fallacy 逻辑谬论
logical possibility 逻辑可能性
logistic capability 后勤能力

Maginot Line 马其诺防线
major premise 大前提
manual analysis 人工分析
mathematical formulation 数学公式
mathematical model 数学模型
mathematical proof 数学证明
mathematical symbology 数学符号
measures of central tendency 集中趋势量数
measures of dispersion 分散趋势量数
median 中位数
medium-range transport aircraft 中程运输机
methodology 方法论
military intelligence 军事情报
minor premise 小前提
mock-up 伪装物
mode 众数
model 模型

mode of behavior 行为模式
model validation 模型有效性
morra 猜拳
morphological analysis 形态分析法

negative correlation 负相关
negative feedback loop 负反馈环
nominal scale 定类尺度
nondocumentary input 非文件形式信息
nonsymbolic form 非符号形式
non-zero-sum game 非零和博弈
normal curve 正态曲线
normal distribution table 正态分布表
null hypothesis 零假说

objective function 目标函数
Office of Strategic Services (OSS)（美国）战略情报局
open dot 空心圆
open source material 公开资料
operational and tactical level 战役和战术层面
operational definition 操作型定义
operational intelligence 战役情报
optimum strategy 最佳策略
order of battle 作战序列
organized warfare 有组织的战争
original hypothesis 原假说
ordinal scale 定序尺度
overt intelligence 公开情报

parameter 参数
photo and image interpretation 照片与图像判读
photo interpreter 图像判读员
plausibility 似真性
plausible reasoning 合情推理
political intelligence 政治情报
political dynamics 政治动态
positive correlation 正相关
positive feedback loop 正反馈环
posterior odds 后验可能性
posterior probability 后验概率
potential error 潜在谬误
precursor 先兆，前身，前兆
prediction 预测
predictive model 预测模型
predictive research 预测性研究
prior odds 先验可能性
prior probability 先验概率
probability 概率
probability theory 概率论
probability of success 成功概率
problem definition 问题界定
production capability 生产能力
production facility 生产设施
production figure 生产数据
production system 生产系统
profile 分布图

propulsion system 推进系统
proximity 相似性
psycho-analytic technique 心理分析法
pulse repetition frequency（PRF）脉冲重复频率
purposefulness 目的性

quantitative analysis 定量分析
qualitative approach to analysis 定性分析方法
quantitative approach to analysis 定量分析方法
quantitative data 定量数据
qualitative criteria 定性标准
quartile 四分位数
quasipredictive research 准预测性研究
questionnaire 问卷调查

railroad marshalling yard 铁路编组场
random number table 随机数表
random sampling 随机抽样
range 全距
range of a missile 导弹射程
ratio scale 定比尺度
raw data 原始数据
raw symbolic data 原始符号信息
reasoning ability 推理能力
reasoning process 推理过程
recurring phenomena 重复现象
regulatory mechanism 调节机制
relative measure of dispersion 相对差异量数

research topic 研究题目
response mode 反应模式
report preparation 报告撰写
rule for verification 验证规则

saddle point 鞍点
sample size 样本大小
sampling 抽样
sampling theory 抽样理论
sanitation facility 卫生设施
scientific and technical intelligence 科技情报
scientific method 科学方法
search strategy 检索策略
security leak 安全漏洞
self-initiated research 自选研究
self-initiated project 自选研究项目
sensitivity 灵敏度，敏感度
shipping document 船务文件
signal analysis 信号分析
signals intelligence（SIGINT）信号情报
similarity 共性
simulation 仿真
simultaneous equations 联立方程
snorkel（潜水艇或潜水者的）水下通气管
social stratification 社会阶层
sociological intelligence 社会情报
sociometry 社会关系计量学
solar eclipse 日蚀

solid dot 实心圆

source of information 信息来源

standard deviation 标准差

standard error 标准误差

statement of intelligence interest (SIIs) 情报关注点

statistical analysis 统计分析

strategic intelligence 战略情报

strategic intelligence production 战略情报生产

strategic objective 战略目标

strategic planning 战略计划

strategic significance 战略意义

stratified sampling 分层随机抽样

subatomic particle 亚原子粒子

sub-element 子元素

subject matter area 主题领域

symbolic form 符号形式

system dynamics model 系统动力学模型

tabulation 制表

tactical advantage 战术优势

tactical bombing 战术轰炸

tactical intelligence 战术情报

tactical maneuver 战术演习

tasking 规划

taxonomy 分类学

technique of retrieving information 信息检索技巧

telemetry signal 遥测信号

tentative explanation 试验性解释

tentative statement 试验性陈述
tentative topic 试验性题目
terminology 术语，术语学
terms of reference 职权范围
terrain profiling 地形剖面图
testable assertion 可验证的论断
testable hypothesis 可验证假说
test facility 试验设施
theory validation 理论验证
time constraint 时间限制
transportation intelligence 运输情报
transportation net 运输网络
transportation system 运输系统
trend analysis 趋势分析
true mean 真实平均数

unguided or free-flight rocket 非制导 / 自由飞行火箭
unintentional transmitter of facts 无意的事实传播物
unique phenomenon 独特现象
unobtrusive measure 无干扰测量

validation 验证
validity 有效性
variable 变量
vertical axis 纵轴

war game 军事演习
war-making device 战争机器

weapon platform 武器平台

weapon system 武器系统

wire service 通讯社，新闻社

working hypothesis 工作假说

zero-sum game 零和博弈

金城出版社
国家安全与保密参考书目

《情报研究与分析入门》

美国情报研究方法"红宝书"

[美]杰罗姆·克劳泽 原著 [美]简·戈德曼 改编 辛昕 张菊荣 等译

简介：本书全面探讨了情报研究与分析的各个阶段，重点讨论了情报研究的规范程序和适用的分析方法，优秀情报分析人员的必备特质，以及如何提升情报产品的质量。这部国防情报学经典力作，享誉业界40载，堪称美国情报培训的"红宝书"，是情报研究与分析入门必备教材。它既适合国家安全、情报工作的从业者学习，也可供相关研究人士参阅。

《战略情报的批判性思维》

情报工作人员高效思考力指南

[美]凯瑟琳·弗森 伦道夫·弗森 著 杨恩毅 译

简介：本书关注如何在情报工作中应用批判性思维，系统阐述了20个重点问题，介绍了其中的各种实用技巧，以及简单易懂的解决办法。作者还通过政治、经济、军事、信息技术和健康等方面的情报分析案例，帮助读者加强对战略情报批判性思维实践应用的理解。这是一部情报工作者高效思考力指南，情报分析的三大黄金标杆教科书之一。

《情报搜集技术》

科技手段搜集情报的开山之作

[美]罗伯特·克拉克 著 陈烨 步凡 译

简介：本书是首部系统论述情报搜集技术的专著，集中讨论了各种技术搜集手段，情报搜集中特征的基本概念，为实现情报目的而进行特征搜集的传感器和搜集平台，以及情报搜集策略与管理问题；还重点探讨了情报搜集技术在国家安全领域的三大用途，读者从中可以一窥美国情报界强大的情报搜集能力、发展动向及维护国家安全的最新思维。

《情报：从秘密到政策》

世界知名高校必修课 情报学基础普及读本

[美]马克·洛文塔尔 著 杜效坤 译

简介：本书详细阐述情报的概念、历史、流程、搜集、分析、反情报、隐蔽行动等问题，重点讨论情报在美国国家安全决策中的重要作用。书中还介绍了美国情报工作的发展，勾勒出美国情报界的内部机制，探讨了情报工作的伦理与道德问题，简要概述了世界主要大国的情报机构情况。本作品享有极高声誉，多次再版修订，已成为全美外交、国关、国安、情报等诸多学科的权威教材，长期被哥伦比亚、斯坦福、麻省理工等知名院校选用和推荐。

《情报分析心理学》

中情局情报分析"圣经" 美国官员经典培训教材

[美]小理查兹·J. 霍耶尔 著 张魁 朱里克 译

简介：本书主要探讨了人类在判断不完整或模糊信息过程中的认知心理问题，以及这些不可避免的问题如何对情报分析产生影响，而我们又怎样有效克服这些影响。全书由思维机制、思维工具、认知偏见和情报分析的改进等四部分组成。作为中情局权威理论家的代表作，本书既是美国情报机构培训员工的经典教科书，也是中情局情报官员的必备参考读物，无数次再版加印。

《情报分析：以目标为中心的方法》

情报研究必读图书 国家安全前沿力作

[美]罗伯特·克拉克 著 马忠元 译

简介：针对美国情报界在"9·11事件"和伊拉克战争中的情报失误，作者创造性地提出运用"以目标为中心"的情报分析方法，完善情报分析的逻辑过程，形成"确定目标—问题分解—建立模型—评估数据—填充模型—进行预测"的情报分析流程。全书涵盖了情报分析中的各类关键问题，如情报周期、反情报、情报分类、征候与预警、情报模型、情报来源、情报搜集、情报评估、拒止与欺骗、预测方法、团队互动，等等，称得上是一部名副其实的情报分析教科书。

金城出版社
国家安全与保密参考书目

《斯诺登档案：世界最大泄密事件内幕揭秘》

全球首部详细介绍和解读“斯诺登事件”的权威著作

[英]卢克·哈丁　著　　何星　周仁华　等译

简介：本书对“斯诺登事件”进行了全面介绍和解读。它详细追踪了斯诺登的泄密动机、获取机密文件的方式、媒体的报道过程及事件的后续发展，讲述了事件背后媒体与政府的博弈较量、各国的攻防策略，披露了美英等国监控全球的手段和规模。作为该事件的全球首部权威著作，本书不仅曝光了西方国家的安全战略秘密，而且还披露了他们怎样监控中国的内幕。无论个人、企业和国家，都可从书中获得启迪和警示。

《全民监控：大数据时代的安全与隐私困境》

后“棱镜门”时代，国家、机构和个人怎样保护信息安全不受侵犯？

[英]约翰·帕克　著　　关立深　译

简介：阿桑奇、斯诺登等的接连爆料警示我们，“全民监控”的时代已经来临。为了获得全方位的监控能力，西方国家利用闭路系统、窃听设备、身份识别技术、定位追踪装置等随时随地监视民众。全书涉及国家安全、信息安全、个人隐私等问题，为人们敲响了监控无处不在的警钟。本书案例丰富、数据翔实、语言生动，是读者迅速掌握隐私与信息安全知识的必读之作。

《骗中骗：克格勃与中情局的无声战争》

两大间谍组织情报与反情报较量　二十世纪最经典反间谍骗术案例

[美]爱德华·爱泼斯坦　著　　杨哲　译

简介：本书以美国反间谍头目詹姆斯·安格尔顿之死为缘起，追踪了苏联从建国伊始到冷战末期“欺骗对手”的各种行动，以及美国是如何应对和接招的。通过中情局与克格勃在情报与反情报上的较量，作者向读者呈现了一场看不见硝烟的战争。本书是西方反情报代表作，既可作为饭后茶余之消遣，亦能当作国家安全研究的重要资料。

《情报术：间谍大师杜勒斯论情报的搜集处理》

中情局情报官书架推荐图书　国家安全研究必读经典著作

[美]艾伦·杜勒斯　著　　陈秋慧　译

简介：本书作者以第一人称的视角展开，着重阐述了情报的实用技巧——情报如何搜集和处理，以及形成的结果怎样为制定国家政策服务。本书是“间谍大师”、中情局任期最长局长、美国现代情报系统缔造者杜勒斯的收官之作。凭借美国战略情报局与中情局的独特任职优势，作者娴熟地将情报学知识、亲身经历和各种间谍事件与趣闻轶事有机融为一体，具备极高的可读性。

《谁来监管泄密者？：国家安全与新闻自由的冲突》

互联网信息时代普及国家安全意识必备读本

[美]盖里·罗斯　著　　巩丽娟　译

简介：2010年“维基揭秘事件”，2013年“斯诺登泄密事件”……据统计，近年媒体泄密在所有未授权信息泄露中比例最高，对国家安全和利益影响也最甚。通过美国政府历史上重大的泄密案例和事件，作者探讨了未授权信息泄露背后的动机、代价、法律困境和解决之道，以期望提醒全美情报系统：对手是如何获取美国情报的，对手获得情报后会取得怎样的优势。本书内容具有较强的时代性，在互联网信息时代普及国家安全意识的目的十分明显，对我国相关读者同样具备较强的借鉴意义。